정원을 돌보듯 자신을 가꾸라
Care for Yourself as a Garden

방성일

Care for Yourself as a Garden

정원을 돌보듯
자신을 가꾸라

방성일 지음

들음과봄

프롤로그

정원을 돌보듯
자신을 가꾸라

    우리는 모두 자신을 가꾸는 인생 정원사입니다. 태어나서는 부모님 손에서 돌봄을 받았지만, 그 후로는 스스로에게 맡겨진 일입니다. 자신을 가꾸는 일이 어떤 일 보다 소중하고 의미 있는 일입니다. 그런데 정원은 저절로 아름다워지지 않습니다. 아무리 비옥한 땅이라도 관심을 주지 않고 가만히 버려두면 잡초가 무성해져 황폐한 곳이 되고 맙니다. 고든 맥도널드(Gordon MacDonald)는 그의 책 『내면세계의 질

서와 영적성장』에서 사람의 내면을 정원에 비유하고 있습니다. 정원은 가꿀수록 아름다워지고 돌볼수록 사람들이 머물고 싶을 아름다운 정원이 되는 것입니다. 사람의 내면이 정원 가꾸기와 흡사합니다.

벌들이 찾아오고 새들이 지저귀는 정원이 되려면 어떻게 해야 하나요? 벌들이 좋아하는 꽃을 심고 새들이 머물 수 있는 과일나무를 심어야 합니다. 꽃들이 자라고 나무가 자라면 자연스레 벌들이 오고 나비가 찾아 듭니다. 새들이 깃들이고 노래하는 풍요로운 정원이 될 겁니다. 자신을 가꾸는 일이 중요한 이유입니다. 자신이 복된 사람이 되면 들어가도 나가도 복이 따라다닙니다.

아름다운 정원을 가꾸기 위해서는 가장 먼저 해야 할 일이 있습니다. 좋은 씨앗을 심는 일입니다. 나쁜 씨앗을 심고 좋은 열매가 맺을 것이라고 기대하는 것은 어리석은 일입니다. 하나님은 우리에게 열매를 주시는 분이 아닙니다. 하나님은 씨앗만 주십니다. 우리가 할 일은 씨앗을 심고 잘 가꾸어 좋은 열매를 맺게 하는 것입니다. 향기 나는 내 인생, 빛나는 나를 위해 무엇을 심어야 할까요?

첫째, 넉넉한 미소입니다. '예쁘다'라는 것은 모양을 말하는 표현이고, '아름답다'라는 것은 느낌을 말하는 표현입니다. 평범한 얼굴이라도 미소가 어려 있는 사람을 보면 왠지 모르게 마음이 따뜻해지고 편해집니다. 얼굴이 잘생겼어도 차가운 표정으로 찡그리고 있으면 가까이하기 싫어집니다. 거울을 보고 웃는 연습을 해보세요. 얼굴을 펴는 것은 누구나 할 수 있고, 자신을 가꾸는 쉬운 방법입니다. 좋은 옷을 입는 것보다 밝은 미소를 머금은 얼굴이 훨씬 좋고 아름답습니다.

둘째, 온유하고 겸손한 마음입니다. 살아있는 몸은 늘 일정한 온도를 유지합니다. 그러나 아무리 훌륭한 사람도 죽으면 싸늘한 시신이 됩니다. 우리 마음이 따뜻하다는 것은 살아있다는 증거이며, 복 있는 사람의 모습입니다. 성경은 "온유한 자는 복이 있나니 땅을 기업으로 받을 것"(마 5:5)이라고 말합니다. 따뜻한 마음은 사람의 향기입니다. 꽃향기가 벌과 나비를 부르듯 따뜻한 사람 주변에는 사람이 모이고 행복이 찾아옵니다. 우리가 평생을 두고 연습해야 할 일이 있다면, 온유하고 겸손하신 예수님을 닮아가는 것입니다.

셋째, 감사하는 태도입니다. 사람의 마음 깊은 곳에는 영혼의 우물이 하나 있습니다. 그 우물에서 물을 길어 올리면 메마른 인생이 푸르게 됩니다. 시든 인생이 꽃을 피우고 가을이면 열매를 맺게 됩니다. 이는 하나님이 우리 마음에 심어두신 영혼의 샘입니다. 넓디넓은 세상 어디에서도 찾을 수 없는 그 우물의 이름은 '감사'입니다. 그 물을 마시면 만족하게 됩니다. 날마다 행복해집니다. 하나님이 주신 신비로운 샘에서 날마다 부지런히 감사를 길어내는 연습을 하십시오.

자신을 가꾸는 일은 자신만 할 수 있는 일입니다. 생존을 위해 밥을 먹고 건강을 위해 운동을 하는 일은 자신이 아니면 대신할 수 없듯, 내면을 가꾸는 일은 더욱 그렇습니다. 자신을 가꾸는 일은 이 세상 누구도 대신해 줄 수 없습니다.

하남교회는 해마다 11월이 되면 한 달 동안 캠페인을 진행합니다. '인생 연습'이요, '행복 연습'입니다. 이 책은 자녀가 잘되기를 바라는 아비의 심정으로 준비하고 성도들과 나누었던 말씀을 한 달 동안 복습하듯 새벽에 나누고, 그것을 책으로 엮은 것입니다. 바람이 있다면 반복을 통해 가슴에 깊이 새겨지고, 삶의 자리에 옮겨지는 것입니다. 한 번 스치듯 지나가는 소낙비는 땅을 적실 뿐이지만, 또다시 비가 내리면 그때는 흐르는 물이 되어 시내가 되고 강이 됩니다. 그것처럼 이 책이 우리 삶의 뜨락에 다시 내리는 은혜의 비가 되었으면 합니다. 이 책을 읽는 그대 인생이 아름다운 정원이 되고 행복이라는 새들이 깃들이는 빛나는 인생이길 축복합니다.

Care for Yourself as a Garden

프롤로그

정원을 돌보듯 자신을 가꾸라
04

Part 1
내 인생 로드맵 구상하기

1장	인생 예고편을 가지고 있나?	14
2장	멋진 인생 예고편을 생각해 보라	34
3장	5년 후 나는 어떤 모습일까?	52
4장	최고의 투자처는 어디일까?	74
5장	복된 인생, 자기 성장이 답이다	94
6장	정원을 돌보듯 자신을 가꾸라	114
7장	성공, 나는 나를 넘어섰다	134

Part 2

내 인생 로드맵
실행하기

8장	진정한 예배자로 다시 태어나라	152
9장	한 번뿐인 내 인생 눈부시게 하라	168
10장	당신은 아름답고 소중한 사람입니다	188
11장	해석을 바꾸면 결과가 달라진다	210
12장	감사는 은혜에 대한 아름다운 응답이다	232
13장	시력은 한계를 보고 믿음의 안목은 가능성을 본다	254

Part 1

내 인생 로드맵 구상하기

1장

인생 예고편을
가지고 있나?

⁴ 만군의 여호와 이스라엘의 하나님께서 예루살렘에서 바벨론으로 사로잡혀 가게 한 모든 포로에게 이와 같이 말씀하시니라 ⁵ 너희는 집을 짓고 거기에 살며 텃밭을 만들고 그 열매를 먹으라 ⁶ 아내를 맞이하여 자녀를 낳으며 너희 아들이 아내를 맞이하며 너희 딸이 남편을 맞아 그들로 자녀를 낳게 하여 너희가 거기에서 번성하고 줄어들지 아니하게 하라 ⁷ 너희는 내가 사로잡혀 가게 한 그 성읍의 평안을 구하고 그를 위하여 여호와께 기도하라 이는 그 성읍이 평안함으로 너희도 평안할 것임이라 ⁸ 만군의 여호와 이스라엘의 하나님께서 이와 같이 말하노라 너희 중에 있는 선지자들에게와 점쟁이에게 미혹되지 말며 너희가 꾼 꿈도 곧이듣고 믿지 말라 ⁹ 내가 그들을 보내지 아니하였어도 그들이 내 이름으로 거짓을 예언함이라 여호와의 말씀이니라 ¹⁰ 여호와께서 이와 같이 말씀하시니라 바벨론에서 칠십 년이 차면 내가 너희를 돌보고 나의 선한 말을 너희에게 성취하여 너희를 이곳으로 돌아오게 하리라 ¹¹ 여호와의 말씀이니라 너희를 향한 나의 생각을 내가 아나니 평안이요 재앙이 아니니라 너희에게 미래와 희망을 주는 것이니라

(렘 29:4-11)

오래전부터 품어왔던

'언젠가'라는 시간 속에 미뤄왔던

그 순간들을 이제는 직접 만들어 나간다.

새로운 도전에 설레고 작은 성취에도 기뻐하며

때로는 예상치 못한 즐거움에 웃을 수 있도록

내가 원하는 삶을 향해

매일 조금 더 행복해지는 나를 만나러…

사람들의 마음속에는 누구나 '언젠가'라는 보따리가 있다고 합니다.

"언젠가 한 번 풀어봐야지. 언젠가 그날이 올 거야."

이렇게 꽁꽁 싸매둔 보따리를 품고 살아갑니다. 그러나 여러분, '언젠가'에 묶여 살지 마십시오. 언젠가를 기다리지 말고, 그날을 향한 예고편으로 오늘을 살아야 합니다. 오늘이 바로 내 인생의 예고편입니다. 사람은 생긴 대로 사는 것이 아니라, 생각대로 삽니다. 밝고 맑은 생각을 품으면 삶도 그렇게 흘러갑니다. 그러나 슬프고 고달픈 생각, 부정적이고 어두운 생각을 마음에 품으면 인생도 그 길로 흘러갑니다.

아인슈타인은 이렇게 말했습니다.

"당신이 상상하는 그것이 바로 당신 인생의 예고편이다."

맞습니다. 오늘 우리가 품은 생각이 내일의 인생을 결정합니다. 생각이 인생을 끌고 가고, 생각이 인생을 만들어갑니다. 그렇기에 우리는 생각하며 살아야 합니다.

사랑하는 여러분, 슬프고 악한 생각의 노예가 되지 마십시오. 대신 밝고 맑으며 아름다운 생각을 훈련하십시오. 그 생각이 여러분의 인생을 빛나게 만들어갈 것입니다.

과거, 고통의 뿌리에서 벗어나기

김혜남 신경정신과 의사가 쓴 책 제목, 『만일 내가 인생을 다시 산다면』에서는 깊은 후회와 아쉬움이 묻어납니다. 제목은 곧 "만약 다시 산다면 절대 그렇게 살지 않겠다."는 다짐과도 같습니다. 김혜남 의사는 젊은 시절 열심히 공부해 의대를 졸업했고, 수련과정을 거쳐 전문의 자격을 취득한 뒤 의원을 열었습니다. 그때가 겨우 마흔셋이었습니다. 전문의를 얻고 의원을 연 기쁨도 잠시, 개원한 지 1년도 채 되지 않아 파킨슨병 진단을 받았습니다. 마흔넷이라는 나이는 아직 청년이라 부를 수 있을 만큼 젊습니다. 너무 이른 시기에 병이 닥친 것입니다. 의사로서 파킨슨병의 진행과 결과를 잘 알았던 그는, 자신의 남은 시간이 60세까지라고 생각하며 지나온 삶을 돌아보고 후회했다고 고백합니다. 그래서 '만일 내가 인생을 다시 산다면'을 화두로 삼아 자신의 아픔과 후회를 솔직하게 책에 담았습니다.

살다 보면 누구나 힘들 때가 옵니다. "정말 힘들다, 왜 이렇게 힘든 걸까?"라고 자문할 때, 그 고통의 뿌리를 자세히 들여다보면 많은 경우 과거에 이릅니다. 어떤 과거의 순간이 현재의 나를 옥죄고 있습니다. 안타깝게도 많은 사람이 과거에 갇혀 삽니다. 사람들은 종종 "젊은 그 시절로 돌아간다면 다른 인생을 살았을 텐데…"라고 말하며 과거를 바꾸고 싶어 합니다. 그러나 과거로 돌아갈 수도, 과거를 되돌릴 수도 없습니다. 우리가 살고 있는 시간은 오늘이고, 바꿀 수 있는 것은 미래뿐입니다.

인생의 예고편은 과거가 아니라 아직 쓰지 않은 미래의 이야기입니다. 김혜남 박사는 말합니다. "만약 인생을 다시 산다면, 더 이상 과거가 현재를 지배하도록 두지 말라. 오늘 이 순간을 마치 다시 사는 것처럼 온전히 살아라." 과거의 굴레에서 벗어나 지금 이 순간으로 삶의 중심을 옮기라는 초대입니다.

오늘 우리가 함께 나눌 예레미야 29장 말씀도 그런 이야기입니다. 바벨론 왕 느부갓네살이 예루살렘을 공격하고, 이스라엘의 많은 사람을 포로로 잡아갑니다. 3차에 걸쳐 침공해서 끌고 갑니다. 오늘 읽은 29장은 2차 침공 후 이스라엘 백성을 포로로 끌고 가는 이야기입니다. 2절에서 그 부분을 말씀하고 있습니다.

"그 때는 여고니야 왕과 왕후와 궁중 내시들과 유다와 예루살렘의 고관들과 기능공과 토공들이 예루살렘에서 떠난 후라"

여고니야, 곧 여호야긴은 남유다의 왕이었습니다. 그러나 그는 왕위에 오른 지 겨우 석 달 만에 바벨론의 침략을 받아 포로로 끌려갔습니다. 왕뿐 아니라 왕후와 궁중의 내시들, 나라의 고관들도 함께 잡혀갔습니다. 심지어 기능공과 토공들, 즉 나라의 산업과 문화를 지탱하던 기술자 1만 명도 함께 포로가 되었습니다. 당시 인구를 고려하면 1만 명은 결코 적은 수가 아니었습니다. 나라의 중심 인물들이 송두리째 끌려간 것입니다. 그들에게 남겨진 것은 슬픔과 암담함뿐이었습니다. 포로 신세가 된 이들의 마음을 시편 137장 1절은 이렇게 고백합니다.

> "우리가 바벨론의 여러 강변 거기 앉아서 시온을 기억하며 울었도다"

희망이 끊어진 것 같은 절망, 그것이 바로 예루살렘 멸망 후 포로로 잡혀간 이스라엘 백성의 심정이었습니다. 그들은 기가 막히고 슬펐을 것입니다. "우리가 어쩌다 망하게 되었는가?" 스스로 자책하며, 바벨론 여러 강변에 앉아 고향인 시온, 예루살렘을 떠올릴 때마다 슬픔과 괴로움에 눈물을 흘렸습니다. 날마다 절망 속에 주저앉아 있었습니다. 그런데 바로 그때, 하나님께서 예레미야 선지자를 통해 포로 된 백성에게 편지를 보내십니다. 그 편지의 핵심이 예레미야 29장 11절 말씀입니다.

> "여호와의 말씀이니라 너희를 향한 나의 생각을 내가 아나니 평안이요 재앙이 아니니라 너희에게 미래와 희망을 주는 것이니라"

하나님은 절망하고 낙담하던 포로들에게 희망의 편지를 보내셨습니다. 그 편지 속 말씀은 이렇습니다. "너희를 향한 나의 생각은 재앙이 아니라 평안이며, 미래와 희망을 주려 함이라." 공동

번역은 이렇게 표현합니다. "밝은 앞날이 너희를 기다리고 있다. 미래와 희망, 그 밝은 앞날이 너희 앞에 있다."

하나님께서 그들에게 밝은 내일을 약속하신 것입니다. 실제로 70년이 지나면 그들은 포로 생활에서 해방되어 고국으로 돌아가게 될 것이었습니다. 그렇기에 이 말씀은 단순한 위로의 말이 아니라, 반드시 이루어질 하나님의 약속이었습니다.

바벨론에 포로로 끌려가 노예처럼 살던 그들의 현실은 답답하고 암담했습니다. 앞이 보이지 않았습니다. 꿈도 소망도 사라진 것 같았습니다. 그러나 바로 그 순간, 하나님께서 "밝은 미래가 기다리고 있다."라고 약속해 주신 것입니다.

사랑하는 성도 여러분, 그 하나님은 오늘도 동일하십니다. 이스라엘에게 평안과 소망을 주셨던 하나님께서 지금 우리에게도 말씀하십니다. "좋은 날이 네 앞에 있다. 너를 향한 계획은 재앙이 아니라 평안이다." 그러므로 절망 속에서도 낙망하지 마십시오. 하나님은 여전히 우리에게 밝은 미래와 소망을 허락하십니다.

사는 것이 절대 녹록지 않습니다. 매일 들려오는 어려운 소식, 삶을 둘러싼 불안과 염려가 우리를 짓누릅니다. 그러나 하나님은 동일하게 말씀하십니다. "내가 너에게 희망을 준다. 네 앞에는 좋은 날이 기다리고 있다." 사람의 시선으로는 답답할 뿐이지만,

하나님의 생각을 알게 되면 용기가 생깁니다. 시편 139장 17절에서 다윗은 이렇게 고백합니다.

> "하나님이여 주의 생각이 내게 어찌 그리 보배로우신
> 지요 그 수가 어찌 그리 많은지요"

하나님은 우리를 많이 생각하신다고 말씀하십니다. 지금 우리의 현실은 어렵지만, 하나님의 생각은 풍성합니다. 그분의 마음을 묵상하면 희망이 피어오릅니다. 그러므로 우리는 하나님의 신실하심을 믿어야 합니다. 우리를 향한 하나님의 계획, 우리를 향한 하나님의 선한 생각을 신뢰해야 합니다. 그럴 때 마음에 참된 평안이 찾아옵니다.

우리가 믿는 하나님은 전능하신 분이십니다. 하실 수 없는 일이 없으십니다. 동시에 그분은 지극히 선하십니다. 만약 힘을 가진 자가 폭군이라면 어떻겠습니까? 우리가 사는 동네에 힘센 깡패가 살고 있고, 온몸에 문신을 하고 얼굴은 험상궂으며, 길을 걷는 사람마다 길을 막고 돈을 빼앗는다고 생각해 보십시오. 그 동네 사람들은 결코 평안할 수 없습니다. 두렵고 불안할 뿐입니다. 그러나 우리의 하나님은 그렇지 않습니다. 하나님은 무한한 권

능을 가지셨지만, 동시에 무한히 선하신 분이십니다. 그렇기에 우리는 그분을 믿고 의지할 수 있고, 그 안에서 참된 평안을 누릴 수 있습니다.

전능하고 선하신 하나님이 우리의 아버지이십니다. 이 사실이 얼마나 큰 위로와 힘이 되는지 모릅니다. 시편은 그 고백을 담고 있습니다. 전능하신 하나님이 우리를 생각하시는데, 그 생각이 너무도 선하고 보배롭다고 하니, 우리는 행복할 수밖에 없습니다.

제가 언젠가 보여드린 그림을 기억하십니까? 아빠의 어깨 위에 서 있는 아이의 모습입니다. 아이에게는 아빠가 있으니 근심할 이유가 없습니다. 두려워할 이유가 없습니다. 아빠는 귀한 자녀를 어깨 위에 올리며 마음속에 수많은 생각을 품습니다. '이 아이가 자라면 무엇이 될까?' 선하고 좋은 생각들로 가득합니다.

마찬가지로 하나님은 우리를 향해 선한 생각과 아름다운 계획을 품고 계십니다. 하나님의 마음을 신뢰할 때, 설령 상황이 어렵고, 삶이 녹록지 않고, 포로처럼 얽매인 처지라 해도 우리는 이길 수 있습니다. 하나님은 선하시고, 그분의 계획은 언제나 아름답습니다.

하지만 사람은 어려움을 당하면 본능적으로 도망을 선택합니다. 힘든 일을 피하고, 탈출구를 찾으려 합니다. 그러나 도망친다고 문제가 해결되지는 않습니다. 문제 속에서 해법을 찾을 때, 진정한 돌파구가 생깁니다. 수학에는 '정답'과 '오답' 두 가지가 있습니다. 그러나 인생에는 하나가 더 있습니다. 바로 '명답'입니다. 오늘 성경은 그 명답을 이렇게 말씀합니다. 예레미야 29장 12-13절입니다.

> "너희가 내게 부르짖으며 내게 와서 기도하면 내가 너희들의 기도를 들을 것이요 너희가 온 마음으로 나를 구하면 나를 찾을 것이요 나를 만나리라"

힘들 때 우리는 본능적으로 회피하려고 합니다. 그러나 성경은 문제를 회피하지 말고, 그 문제를 가지고 하나님 앞에 나아가 부르짖으라고 합니다. 주님의 이름을 부르면 주님께서 들으신다고 약속하셨습니다. 그래서 기도가 정답입니다. 아니, 기도는 정답을 넘어 명답입니다. 우리의 삶을 헤쳐 나갈 가장 좋은 길은 바로 기도입니다. 문제를 피하는 것이 아니라, 문제 속에 하나님의 개입을 바라는 기도 말입니다. 기도하면 하나님께서 직접 문제를 해결해 주시거나 은혜를 주셔서 문제를 능히 이기게 하십니다. 성경은 이렇게 말씀합니다. 시편 55장 22절입니다.

"네 짐을 여호와께 맡기라 그가 너를 붙드시고 의인의 요동함을 영원히 허락하지 아니하시리로다"

주님은 말씀하십니다. "네가 힘든 일을 만났구나. 피하지 말고 그 짐을 나에게 맡기라." 우리가 지고 있는 짐은 무겁습니다. 그러나 하나님께 맡기면 그것이 기도가 됩니다. 기도는 주님 앞에 부르짖으며 내 마음의 짐을 고백하고 옮겨 놓는 것입니다. 내가 질 수 없는 무거운 짐도 하나님께는 아무것도 아닙니다. 짐을 맡기면 하나님이 우리를 붙드십니다. 성경은 약속합니다. "그가 너를 붙드시고, 의인의 요동함을 영원히 허락하지 아니하시리라."

문제 때문에 우리 인생이 흔들리지 않습니다. 하나님께서 붙드시면 우리는 능히 문제를 넘어설 수 있습니다. 하나님이 계시기에 우리는 당당히 명답을 향해 갈 수 있습니다. 사랑하는 여러분, 홀로 짐을 지려 하지 마십시오. 하나님께 맡기십시오. 그리고 기도하십시오. 그때 하나님이 붙드시는 은혜를 경험하게 될 것입니다.

하나님께 짐 맡기기

『예화백과사전』에 '빈 의자 기도'라는 이야기가 있습니다. 암으로 투병하던 한 남자가 있었습니다. 그는 바쁘게 정신없이 살아오다 병이 들어 병실에 눕게 되었고, 그곳에서 자신의 삶을 돌아보았습니다. "내가 왜 그렇게 살았을까? 교회는 다녔지만 한 번도 진심으로 기도해 본 적이 없었네." 후회가 밀려왔습니다. 그래서 남은 날이 얼마나 될지 몰라도, 이제는 하나님 앞에 진실한 기도를 드려야겠다고 결심했습니다.

하지만 기도해 본 적이 없는 그는 어떻게 기도해야 할지 몰랐습니다. 그래서 목사님을 찾아갔더니, 목사님은 기도를 설명한 책을 건네주었습니다. 그러나 기도는 이론이 아닙니다. 아무리 책을 읽어도 그의 마음은 채워지지 않았습니다. 그러던 중 병문안을 온 친구에게 고민을 털어놓았습니다. 그 친구가 말해 주었습니다.

"기도는 하나님께 말씀드리는 거야. 네가 하고 싶은 말을 다 하렴. 병실에 빈 의자를 하나 갖다 놓고, 그 자리에 예수님이 앉아 계신다고 생각해. 그리고 마음을 다해 예수님께 말씀드려 봐."

그는 그대로 했습니다. 병실에 빈 의자를 놓고, 마치 예수님이 그 자리에 계신 듯이 대화를 나누었습니다. 하고 싶은 말을 다 하고, 마음으로 예수님의 음성도 들으려 했습니다. 그때 놀라운 일이 일어났습니다. 아프고 무거운 짐을 내려놓으니 마음이 가벼워지고, 병실에 누워 있었지만 하늘을 나는 것처럼 기쁘고 즐거운 평안을 맛보게 된 것입니다.

사랑하는 여러분, 문제를 피해 도망가지 마십시오. 탈출구만 찾지 마십시오. 기도하면 됩니다. 예수님도 그렇게 기도하셨습니다. 마치 아들이 다정한 아버지께 말하듯 성부 하나님께 "아바 아버지"라 부르며 기도하셨습니다. 모세 역시 하나님과 대면하며 기도했습니다. 출애굽기 33장 11절은 이렇게 말합니다.

> "사람이 자기의 친구와 이야기함 같이 여호와께서는 모세와 대면하여 말씀하시며 모세는 진으로 돌아오나 눈의 아들 젊은 수종자 여호수아는 회막을 떠나지 아니하니라"

성경은 말합니다. "사람이 자기 친구와 이야기하듯, 여호와께서는 모세와 대면하여 말씀하셨다." 기도란 바로 이것입니다. 좋은 목소리로 유창하게 말하는 것이 기도가 아닙니다. 내 마음의 아픔과 고민을 있는 그대로, 친구에게 이야기하듯 주님께 말씀드리고 그분의 응답을 듣는 것, 이것이 기도입니다.

저는 가끔 기도원에 갑니다. 산속에서 기도하다 보면 하나님의 은혜가 충만히 임합니다. 그때 마음이 뭉클해져 찬송을 부르게 됩니다.

"밤 깊도록 동산 안에 주와 함께 있으려 하나…"

주님과의 교제가 너무 달콤해 산속에 계속 머물고 싶습니다. 그러나 찬송은 이렇게 이어집니다.

"괴로운 세상에 할 일 많아 날 가라 명하신다."

그 부름에 가슴이 벅차집니다. 산 위에서 주님과 함께한 시간, 주님께 올려드린 기도, 그 기도 속에 주신 평안과 은혜는 누구도 알 수 없는 소중한 경험입니다. 눈을 뜨면 여전히 세상 문제들은 그대로 남아 있지만, 하나님이 은혜를 주시니 더 이상 문제가 되지 않습니다.

사랑하는 여러분, 힘들고 어려울 때마다 주님의 이름을 부르십시오. 그것이 돌파구요, 정답이요, 명답입니다. 이것이 믿음의 사람들이 사는 길입니다. 기도하면서 오늘의 삶을 살아가십시오. 문제를 피하지 말고, 주어진 일상의 삶을 성실하게 감당하십시오. 하나님께서 함께하셔서 반드시 당신을 붙드실 것입니다. 오늘 본문을 보니 바벨론에 포로로 잡혀 와서 괴롭고 힘든 삶을 사는 사람들에게 하나님이 말씀하십니다. 잘 이해가 되지 않는 말씀입니다. 5절입니다.

"너희는 집을 짓고 거기에 살며 텃밭을 만들고 그 열매를 먹으라"

바벨론에서 포로로 살아가는 사람들의 마음은 어떻겠습니까? '조금 있으면 고국으로 돌아가겠지. 그러니 여기서는 대충 견디며 살아야지.' 그렇게 생각하기 쉬웠을 것입니다. 그러나 하나님은 오히려 그 땅에서 성실하게 살라고 하십니다. 집을 짓고, 텃밭을 가꾸고, 열매를 먹으며 살라고 하십니다. 이어 6절에서는 더 구체적으로 말씀하십니다.

"아내를 맞이하여 자녀를 낳으며, 너희 아들이 아내를 맞이하게 하고, 너희 딸이 남편을 맞아 그들로 자녀를 낳게 하여, 너희가 거기에서 번성하고 줄어들지 아니하게 하라"

하나님의 뜻은 분명했습니다. 포로로 잡혀 있는 그 땅에서도 낙심하지 말고, 절망하지 말고, 삶을 멈추지 말라는 것입니다. 오히려 거기에서 가정을 이루고, 생육하고, 번성하며, 하나님이 주시는 삶을 충실히 살아내라는 것입니다. 하나님은 우리에게 "대충 살지 말고, 주어진 오늘을 충실히 살아라."고 말씀하십니다. 이것이 가장 좋은 치유의 길입니다. 사람은 슬프고 아프고 힘들 때 도망치고 싶어합니다. 현실을 피해 멀리 떠나고 싶습니다. 그러나 하나님은 오히려 말씀하십니다. 힘들수록 일상을 충실히 살라고.

 고통을 잊는 가장 좋은 치료 방법은 도피가 아니라 오늘을 살아내는 것입니다. 기도하며 하루하루를 충실히 살아가면 슬픔은 지나가고 아픔도 물러가며, 마침내 좋은 날이 옵니다. 우리의 미래는 오늘 속에 있습니다. 그러므로 오늘을 포기해서는 안 됩니다. 하나님은 선물 같은 이 날을 기도하며 충실하게 살라고 명령하십니다. 그리고 주님은 한 가지를 더 말씀하십니다. 이것을 잊지 말고 붙잡으라고 하십니다. 바로 예레미야 29장 7절 말씀입니다.

> "너희는 내가 사로잡혀 가게 한 그 성읍의 평안을 구하고 그를 위하여 여호와께 기도하라 이는 그 성읍이 평안함으로 너희도 평안할 것임이라"

정말 이해하기 어려운 말씀입니다. 자기들을 포로로 잡아간 성읍을 위해 기도하라니 말입니다. 보통 사람 같으면 이렇게 생각하지 않았겠습니까?

"두고 보자. 때가 되면 반드시 갚고 말겠다."

피해 의식으로 인해 분노가 끓어오르는 것은 자연스러운 일일 것입니다. 그러나 하나님은 전혀 다른 말씀을 하십니다.

"그 성읍의 평안을 구하라. 그 성읍이 평안해야 너희도 평안하리라."

원망과 미움, 복수심으로 칼을 갈며 살아가는 삶은 결국 자기 자신을 불행하게 만듭니다. 분노와 피해 의식은 남을 무너뜨리기 전에 자신을 갉아먹습니다. 그래서 하나님은 그들의 평안을 위해 기도하라고 말씀하십니다. 다른 이의 평안을 구할 때, 오히려 우리 마음이 평안해지고 행복해지는 것입니다.

사랑하는 여러분, 오늘도 많은 이들이 소중한 하루를 원망과 분노 속에 보내고 있습니다. 그러나 분노 속에는 결코 행복이 없습니다. 삶이 힘든 것이 아니라, 사람과의 관계가 힘든 것입니다. 분노와 피해 의식이 가득하면 결국 자신만 불행해질 뿐입니다. 그래서 하나님은 말씀하십니다.

"그 성읍의 평안을 빌라. 그래야 네가 행복할 수 있다."

예수님도 같은 말씀을 하셨습니다. 요한복음 14장 27절에서 주님은 이렇게 약속하십니다.

> "평안을 너희에게 끼치노니 곧 나의 평안을 너희에게 주노라 내가 너희에게 주는 것은 세상이 주는 것과 같지 아니하니라 너희는 마음에 근심하지도 말고 두려워하지도 말라"

사람에게 평안은 참으로 중요합니다. 그래서 예수님께서도 말씀하셨습니다.

"내가 너희에게 평안을 끼치노니 곧 나의 평안을 너희에게 주노라." 밥보다, 옷보다 더 중요한 것이 마음의 평안입니다. 예수님이 주시는 평안이 있으면 어떤 상황 속에서도 만족할 수 있고, 얼굴이 밝아지고 삶은 든든해집니다. 그러므로 일상의 삶을 충실히 살며, 기도하면서, 모든 사람과 화평하게 지내시기를 바랍니다.

오늘 하루를 선물처럼

리차드 칼슨(Richard Carlson)의 책에 이런 문장이 있습니다.

"당신은 옳은 사람이 되고 싶습니까? 아니면 행복한 사람이 되고 싶습니까?"

저는 그 말이 참 마음에 와닿았습니다. 많은 사람이 자기 나름의 옳음을 주장하다가 불행해집니다. 부부가 왜 다툽니까? 서로가 옳다고 고집하기 때문입니다. 이웃과 왜 갈등을 겪습니까? 내가 옳다고 생각하기 때문입니다. 그 싸움에서 이길지는 모르지만, 마음에는 평화가 없습니다. 여러분, 옳은 사람이 되고 싶습니까? 행복한 사람이 되고 싶습니까? 우리 주님은 분명히 말씀하십니다. "내가 너희에게 주는 평안은 세상이 주는 것과 같지 아니하다."

사랑하는 성도 여러분, 인생의 예고편인 오늘이라는 시간을 살아갈 때, 세상이 줄 수 없는 평안을 누리게 됩니다. 주님의 평안이 여러분의 마음과 가정, 그리고 모든 관계 속에 가득하시기를 주님의 이름으로 기도합니다.

정신과 의사 김혜남은 자기 인생을 돌아보며 후회했다고 고백합니다. 자신을 몰아붙이며 숙제하듯 살아온 세월이 마음을 괴롭게 했다는 것입니다. 병들고 나니 "내가 왜 이렇게 살았을까?" 하는 허무함만 남았다고 합니다.

여러분, 소풍을 기다리는 어린아이의 마음을 상상해 보십시오. 소풍 날이 정해지면 며칠 전부터 가슴이 설레고, 소풍 전날 밤에는 잠조차 오지 않습니다. 하나님은 우리가 이 땅에서 마치 소풍 나온 아이처럼 기쁘게 살아가기를 원하십니다. 비록 삶이 힘들고 괴로워도, 우리를 향한 하나님의 선한 계획을 마음에 품으십시오. 하나님의 도우심을 기다리며 기도하고, 충실하게 일상을 살아가십시오. 그리고 모든 사람과 더불어 화평을 이루십시오. 그것이 바로 멋진 인생의 예고편을 살아가는 모습입니다.

오늘 하루를 선물처럼 여기며, 마치 인생을 다시 사는 것처럼, 소풍을 앞둔 아이처럼 기뻐하고 감사하며 충실히 사시기를 바랍니다. 여러분 모두가 멋진 인생의 예고편을 살아가시기를 축복합니다.

2장

멋진 인생 예고편을
생각해 보라

14 롯이 아브람을 떠난 후에 여호와께서 아브람에게 이르시되 너는 눈을 들어 너 있는 곳에서 북쪽과 남쪽 그리고 동쪽과 서쪽을 바라보라 15 보이는 땅을 내가 너와 네 자손에게 주리니 영원히 이르리라 16 내가 네 자손이 땅의 티끌 같게 하리니 사람이 땅의 티끌을 능히 셀 수 있을진대 네 자손도 세리라 17 너는 일어나 그 땅을 종과 횡으로 두루 다녀 보라 내가 그것을 네게 주리라 18 이에 아브람이 장막을 옮겨 헤브론에 있는 마므레 상수리 수풀에 이르러 거주하며 거기서 여호와를 위하여 제단을 쌓았더라

(창 13:14-18)

하나님의 꿈이 우리 인생의 멋진 예고편이 될 수 있습니다. 땅만 보고 살면 꿈을 꿀 수 없습니다. 하지만 하나님을 바라보면 멋진 인생 예고편을 만날 수 있습니다. 사람에게는 탁월한 능력이 있습니다. 그것은 바로 상상할 수 있는 능력, 생각을 확장해 나가는 능력입니다. 이 능력은 동물에게는 없고 사람에게만 주어졌습니다. 우리는 마음이라는 스크린에 영상을 그리듯 인생 예고편을 상상할 수 있습니다. 그래서 우리가 생각하는 마음의 상상이 현실이 되고, 우리의 인생이 되고, 운명이 됩니다. 지금 우리가 생각하고 있는 것, 마음의 스크린에 그리고 있는 상상이 우리 삶의 예고편이 됩니다. 사도행전 2장 17절에서 성령이 오시면 이 일을 하신다고 합니다.

> "하나님이 말씀하시기를 말세에 내가 내 영을 모든 육체에 부어 주리니 너희의 자녀들은 예언할 것이요 너희의 젊은이들은 환상을 보고 너희의 늙은이들은 꿈을 꾸리라"

성령 받은 사람들은 미래의 꿈을 꾸고 환상을 보고, 그림을 그려낸다고 말씀하십니다. 요엘 선지자를 통해서 '하나님이 말씀하시기를 말세에 내가 내 영을 모든 육체에 부어주리니'라고 말씀하십니다. 그렇다면 성령을 부어주실 때 어떤 일이 일어날까요? 자녀들은 예언하고, 청년들은 환상을 볼 것이라고 합니다. 살아갈 미래의 아름다운 것들을 상상해내는 환상을 보고, 늙은 이들은 꿈을 꾼다고 합니다. 성령을 받은 사람들은 누구든 예외 없이 인생 예고편을 가슴에 그리고 살아간다는 것입니다. 이것이 성령의 역사입니다. 오늘 말씀을 들으면서 여러분의 마음속 스크린에 아름답고 눈부신 미래의 예고편이 그려지기를 축복합니다. 여기에서 중요한 것은 우리를 꿈꾸게 하고, 미래로 이끌어가는 분이 성령님이라는 사실입니다.

성령 충만하고 은혜를 받으면 걱정과 근심거리가 눈앞에 있어도 문제가 되지 않습니다. 주의 영이 임하고 은혜받은 사람들은 두렵지 않습니다. 왜일까요? 성령님 덕분입니다. 성령님은 우리에게 용기를 주고 꿈을 주고 환상을 보게 하십니다. 꿈은 가슴에 심은 '씨앗'과도 같습니다. 큰 나무들도 작은 씨앗에서 시작합니다. 삶의 모든 큰 나무는 꿈이라는 씨앗에서 시작됩니다.

하나님께 소망 두기

오늘 우리가 읽은 본문에는 두 사람이 나옵니다. 롯과 아브라함입니다. 짧은 구절이지만 이 말씀을 통해서 두 사람의 인생 예고편을 엿볼 수 있습니다. 먼저 롯의 인생 예고편을 창세기 13장 10절에서 보겠습니다.

> "이에 롯이 눈을 들어 요단 지역을 바라본즉 소알까지 온 땅에 물이 넉넉하니 여호와께서 소돔과 고모라를 멸하시기 전이었으므로 여호와의 동산 같고 애굽 땅과 같았더라"

오늘 본문 앞부분을 살펴보면 아브라함과 조카 롯이 함께 살고 있었습니다. 그런데 시간이 지나면서 가축이 점점 늘어나자, 아브라함과 롯의 가축을 함께 먹일 수 있는 땅이 부족해졌습니다. 재산이 늘어난 것은 좋은 일이지만, 함께 살 수 없게 된 것이지요. 아브라함과 롯의 목자들이 물을 두고 다투자, 아브라함이 제안을 합니다.

"이제 각자 좋은 땅을 찾아 나누어 살자."

그러자 롯이 먼저 눈을 들어 요단 땅을 바라보았습니다. 소알까지 이어진 그 땅은 물이 넉넉했습니다. 농사에도, 목축에도 좋은 땅이었습니다. 그래서 성경은 그 땅을 "여호와의 동산 같고 애굽 땅과 같다."라고 표현합니다. 롯은 그 땅을 보면서 마음이 흡족했습니다.

"내가 저 땅에 가야겠다. 거기서 농사도 짓고 가축도 길러 큰 부자가 되어야지."

그러나 성경은 덧붙입니다. "그 때는 여호와께서 소돔과 고모라를 멸하시기 전이었다." 겉으로 보기에는 좋은 땅이었지만, 사실은 장차 멸망할 땅이었던 것입니다. 롯은 그것을 알지 못한 채 눈에 보이는 대로, 자기 이익이 되는 대로 선택했습니다. 부자가 되는 것이 잘못은 아닙니다. 문제는 재물에 대한 태도입니다. 롯은 오직 눈에 보이는 이익을 따라간 근시안적인 사람이었습니다.

롯의 진정한 복은 땅에 있지 않았습니다. 그의 복은 삼촌 아브라함 곁에 머무는 것이었습니다. 아브라함과 함께 있는 것이 하나님의 복이었지만, 그는 그것보다 눈앞에 있는 땅을 선택했습니다. 그는 이해타산에 밝고 현실적인 사람이었지만, 결국 불안한 길을 택한 것입니다.

롯은 요단 땅에 들어가 농사를 짓고 가축을 기르며 부자가 되었을 것입니다. 그러나 마음은 늘 편치 않았습니다. 풍요로워 보이지만 내면에는 불안이 자리하고 있었습니다. 우리도 그럴 때가 있습니다. 모든 것이 괜찮아 보이는데도 마음에 평안이 없습니다. "혹시 이게 잘못되면 어떡하지?" 하는 불안이 우리를 괴롭힙니다. 롯이 평안을 누리지 못한 이유는 무엇일까요? 그 불안의 근원은 어디에 있을까요? 시편 42장 5절은 그 근원을 분명하게 말씀하고 있습니다.

> "내 영혼아 네가 어찌하여 낙심하며 어찌하여 내 속에서 불안해 하는가 너는 하나님께 소망을 두라 그가 나타나 도우심으로 말미암아 내가 여전히 찬송하리로다"

하나님께 소망을 두라고 했는데, 엉뚱한 것에 소망을 두니 불안한 것입니다. 롯의 인생 예고편은 땅에 둔 소망이었습니다. 그러니 마음이 불안했습니다. 반대로 아브라함의 인생 예고편은 어떨까요? 그의 소망은 좋은 땅을 차지하는 것이 아니라 하나님이었습니다. 오늘 본문 14절을 보겠습니다.

> "롯이 아브람을 떠난 후에 여호와께서 아브람에게 이르시되 너는 눈을 들어 너 있는 곳에서 북쪽과 남쪽 그리고 동쪽과 서쪽을 바라보라"

이제 롯은 좋은 땅을 차지하고 아브라함을 떠났습니다. 아브라함이 그 땅이 좋은지 몰라서 선택하지 않은 것이 아닙니다. 아브라함은 땅이 복이 아니라는 것을 알고 있습니다. 아브라함에게 소망은 하나님이었습니다. 하나님을 선택한 것입니다. 아브라함은 하란을 떠날 때도 하나님을 선택했습니다. 본토 친척 아비 집을 다 버려두고 하나님을 따라나서지 않았습니까? 창세기 12장 4절에 "이에 아브람이 여호와의 말씀을 따라갔고"라고 합니다. 하란 땅에 오랫동안 일구어 놓았던 모든 삶의 터전, 안전한 것을 놓고 하나님을 선택했습니다. 안전과 편안함 대신 하나님 말씀을 따라간 것입니다. 이미 그는 하나님을 그의 기업으로 선택했습니다. 그렇게 아브라함은 지금은 비록 힘들고 어렵지만, 하나님을 따라가 결국 복이 되는 멋진 예고편의 삶을 살 수 있었습니다. 소망 아닌 것에 소망을 두면 불안하고 낙망하지만, 영원한 소망이신 하나님을 자기 기업으로 삼으면 날마다, 때마다 형통할 줄로 믿습니다.

찬송가 「나의 영원하신 기업」을 이런 배경을 알고 부르면 더욱 은혜가 됩니다. 하나님이 여러분의 기업이 되기를 축복합니다. 우리의 영원한 소망이자 기업은 땅이 아니라 하나님입니다. 그래서 우리는 살아계신 하나님 아버지의 말씀을 붙잡습니다.

이것이 삶의 큰 지혜이고 이 땅에 살아가는 사람들에게 가장 큰 특권입니다. 오늘 본문 14절을 한 번 더 보겠습니다.

> "롯이 아브람을 떠난 후에 여호와께서 아브람에게 이르시되 너는 눈을 들어 너 있는 곳에서 북쪽과 남쪽 그리고 동쪽과 서쪽을 바라보라"

롯이 아브람을 떠난 후, 하나님께서 아브람을 찾아오셨습니다. 그리고 이렇게 말씀하십니다.

"눈을 들어 네가 있는 곳에서 북쪽과 남쪽, 동쪽과 서쪽을 바라보라." 여기서 본다는 것은 단순히 보는 행위가 아니라 비전을 의미합니다. 이어서 하나님은 말씀하십니다. "네 눈에 보이는 그 땅을 내가 너와 네 자손에게 주리니 영원히 이르리라." 즉, 하나님은 땅을 주시기 전에 먼저 보게 하신 것입니다. "네가 눈으로 보는 그것을 네게 주겠다"라고 약속하신 것이지요. 이 약속은 아브라함에게만 적용되지 않습니다. 믿음의 사람들에게 주시는 하나님의 원리입니다.

사람들은 어떤 일을 이루기 전에 먼저 마음속에 그림을 그립니다. 주님은 말씀하십니다. "네가 믿음으로 바라보는 것, 네가 상상으로 그려보는 그것, 마음속으로 그려보는 인생의 예고편을 네게 주겠다."

육신의 눈으로만 보면 우리는 롯처럼 이해타산적이고 계산적인 시선에 갇혀 눈앞의 것밖에 보지 못합니다. 그러나 하나님은 말씀하십니다.

"네가 보는 것을 네게 주겠다."

여기서 보는 것은 단순한 시각이 아니라 믿음의 시각입니다. 믿음의 눈을 들어 멀리 바라볼 때, 믿음으로 상상하는 것이 곧 우리의 인생 예고편이 됩니다. 그리고 하나님은 그 예고편을 실제로 주시겠다고 약속하십니다.

하나님께서 예비해 두신 빛나는 날

아메리칸 인디언 마을에 있었던 이야기입니다. 어느 마을의 추장이 나이가 들어 점점 늙어가자, 후계자를 세우기로 했습니다. 경험 많은 추장은 마을의 청년들을 불러 모아 말했습니다.

"너희들 중 한 사람을 나의 후계자, 새로운 추장으로 삼겠다. 내가 내는 과제를 완수하면 그 가운데서 한 사람을 선택하겠다."

그가 청년들에게 준 과제는 이것이었습니다.

"저 앞에 높은 산이 있다. 그 산꼭대기에 올라가서, 네가 생각할 때 가장 좋은 것을 하나씩 가지고 오너라."

추장은 가파른 산을 오를 만한 체력과 더불어 올바른 가치관을 가진 사람을 찾고 싶었던 것입니다. 청년들은 열심히 산을 올랐습니다. 그리고 산꼭대기에서 자신이 가장 좋다고 여긴 것을 가지고 내려왔습니다. 어떤 이는 신기하게 생긴 돌을, 또 어떤 이는 반짝이는 보석을, 혹은 귀한 약초나 기묘한 꽃을 가져왔습니다. 그런데 한 청년은 빈손으로 내려왔습니다. 추장이 물었습니다.

"자네는 왜 아무것도 가져오지 않았는가?"

"저는 산꼭대기에서 산 너머에 펼쳐진 푸르고 넓은 초원을 보았습니다. 장차 우리 부족이 살면 좋을 곳이라 생각했습니다."

그 청년은 미래의 비전을 본 것입니다. 누가 후계자로 선택되었을지는 자명하지 않습니까?

사람들은 흔히 눈앞에 있는 것밖에 보지 못합니다. 그러나 안목을 가진 사람들은 그 산 너머에 펼쳐진 푸르고 넓은 초원을 봅니다. 여러분의 인생에도 하나님이 보여주시는 멋진 예고편이 있습니다. 성령 안에 있는 믿음의 사람들은 꿈을 꾸고, 환상을 보고, 예언합니다. 믿음의 사람들은 단지 눈앞에 놓인 문제의 산만 바라보지 않습니다. 그 산 너머, 수많은 문제 너머에 하나님께서 예비해 두신 빛나는 날을 바라봅니다. 오늘 이 자리에 계신 여러분에게도 그 빛나고 푸른 초원이 믿음의 눈에 보이기를 축복합니다. 하지만 우리는 자꾸만 현재의 처지에 생각을 가두곤 합니다. 그래서 눈앞에 있는 것만 보게 됩니다. 그러나 하나님은 더 멀리, 더 크게, 더 깊이 보라고 하십니다. 오늘 본문 15절의 말씀을 함께 읽겠습니다.

"보이는 땅을 내가 너와 네 자손에게 주리니 영원히 이르리라"

여기서 보는 것은 시력을 의미하지 않습니다. 믿음의 눈입니다. 하나님은 말씀하십니다.

"네 믿음의 상상으로 보는 것을 네게 주겠다. 네 마음의 스크린 위에 성령이 심어주신 꿈, 네가 본 그것을 너와 네 자손에게 주겠다."

하나님께서 아브라함에게 "네 눈에 보이는 땅을 다 주겠다."라고 약속하셨을 때, 아브라함은 현실적으로 그것을 믿을 수 있는 상황이 아니었습니다. 그는 자녀도 없고, 처지는 매우 어려웠습니다. 로마서 4장 18절은 그때의 아브라함을 이렇게 설명합니다.

"아브라함이 바랄 수 없는 중에 바라고 믿었으니 이는 네 후손이 이같으리라 하신 말씀대로 많은 민족의 조상이 되게 하려 하심이라"

아브라함은 도저히 바랄 수 없는 중에 바라고, 믿을 수 없는 중에 믿었습니다. 그는 어떤 상황에 처해 있었습니까? 아브라함은 이미 나이가 많았고, 아내 사라도 나이가 들어 출산을 기대할 수 없었습니다. 인간의 눈으로는 절망적인 상황이었습니다. 그러나 하나님께서 말씀하시니 그는 바라고 믿었습니다. 현실은 불가능해 보이지만, 하나님의 말씀은 가능하기 때문입니다. 우리는 흔히 자신의 처지를 기준으로 미래를 꿈꿉니다. 내 형편, 내 능력, 내 수준에 맞추어 꿈을 꿉니다. 하지만 하나님은 우리 수준에 맞추어 일하시는 분이 아닙니다. 그분은 전능하신 창조주이십니다. 천지를 지으신 하나님께서 말씀하시면 반드시 이루십니다. 창세기 18장 14절의 말씀을 보겠습니다.

"여호와께 능하지 못한 일이 있겠느냐 기한이 이를 때에 내가 네게로 돌아오리니 사라에게 아들이 있으리라"

이때 아브라함은 하나님의 약속 앞에 어떻게 반응했을까요? 오늘 본문 18절 말씀을 함께 보겠습니다.

"이에 아브람이 장막을 옮겨 헤브론에 있는 마므레 상수리 수풀에 이르러 거주하며 거기서 여호와를 위하여 제단을 쌓았더라"

아브라함은 가는 곳마다 돌무더기를 쌓고 제단을 만들어 여호와께 예배를 드렸습니다. 유목민이었기에 자주 옮겨 다녀야 했습니다. 그는 어디를 가든지 장막 옆에 반드시 제단을 쌓고 하나님을 예배했습니다. 하나님의 약속 앞에 삶의 반응을 예배로 드린 것입니다.

성경을 보면, 아브라함을 '아브라함' 되게 한 핵심은 바로 예배에 있음을 알 수 있습니다. 아브라함의 예배를 본받으시기 바랍니다. 그러면 우리 역시 이 시대 속에서 아브라함처럼 믿음의 사람으로 살아갈 수 있습니다.

조용민은 『언바운드, UNBOUND(게임의 룰을 바꾸는 사람들의 성장법칙)』에서 자기 자신을 성장시키는 세 가지 법칙을 말합니다. 그 첫 번째가 'Steal With Pride'입니다. 'Steal'은 '훔치다'는 뜻이고, 'With Pride'는 '자부심을 가지고'라는 뜻입니다. 직역하면 "자부심을 가지고 훔쳐라."이지요. 구글에서 자주 쓰는 용어라고 합니다. "다른 사람의 기술과 노하우를 배우고, 벤치마킹하는 것을 당당하게 하라."는 의미입니다.

사실 우리의 삶 대부분이 그렇습니다. 아기를 보십시오. 아기는 처음에 말도 못 하고 알아듣지도 못합니다. 그러나 엄마 품에 안겨 엄마 말을 계속 듣다가 옹알이를 시작합니다. 그리고 어느 날 "엄마"라는 첫 단어를 내뱉습니다. 엄마에게서 배운 것입니다. 그렇게 한 단어를 말하다가 나중에는 한 문장을 말하게 됩니다. 순전히 벤치마킹, 곧 흉내 내고 따라 하면서 배운 것입니다. 우리의 삶이 이렇게 이미 있는 것을 배우고 거기서 발전하는 것이라면, 믿음의 세계도 마찬가지입니다. 우리는 믿음의 거장 아브라함을 벤치마킹해야 합니다. 믿음의 욕심을 부려 영적 거장, 믿음의 조상 아브라함을 따라가야 합니다.

아브라함은 믿음을 예배로 표현했습니다. 믿음은 이론이 아닙니다. 많이 아는 것이 믿음이 아닙니다. 믿음은 삶에서 표현되는 것이며, 예배가 그 표현 중 가장 중요한 것입니다. 아브라함은 예배를 통해 '아브라함'이 되어 갔습니다. 아브라함의 믿음의 삶을 따라가면 어떻게 되는지 성경은 이렇게 말합니다. 갈라디아서 3장 9절 말씀을 함께 읽겠습니다.

"그러므로 믿음으로 말미암은 자는 믿음이 있는 아브라함과 함께 복을 받느니라"

아브라함은 아브라함이고, 나는 나가 아닙니다. 성경은 이 시대의 믿음의 사람들도 아브라함과 함께 복을 받는다고 말합니다. 우리가 아브라함 같은 복을 누리고, 형통한 인생의 멋진 예고편을 얻는 비결은 아브라함을 본받는 것입니다.

영국의 2파운드 동전은 우리 돈으로 약 3,700원 정도 되는 동전인데, 그 옆면에 아주 작은 글씨가 새겨져 있습니다.

"Standing on the Shoulders of Giants(거인의 어깨 위에 서서)"

이 글귀는 만유인력의 법칙을 발견한, '물리학의 아버지'라 불리는 아이작 뉴턴(Isaac Newton)의 말입니다. 그는 영국 과학자이자 왕립 조폐국장이었습니다. 흥미로운 것은 그의 이름 아이작(Isaac)이 바로 성경 속 이삭이라는 점입니다. 뉴턴이 엄청난 업적을 이루자 사람들이 그에게 물었습니다.

"어떻게 당신은 뛰어난 연구를 할 수 있었습니까?"

그러자 그는 이렇게 대답했습니다.

"제가 거인의 어깨 위에 서 있었기 때문입니다. 나보다 앞서간 위대한 과학자들, 그들이 이루어 놓은 것 위에 내가 서 있었기에 더 큰 것을 볼 수 있었고, 더 큰 것을 이룰 수 있었습니다."

"거인의 어깨 위에 올라선다."는 말은 그림으로 보면 더 쉽게 이해할 수 있습니다. 어린아이가 아빠의 어깨 위에 목말 타고 앉아 있습니다. 땅에 있을 때 이 아이는 눈앞의 것밖에 보지 못했습니다. 그러나 아빠의 어깨 위에 올라서자 멀리까지 바라볼 수 있습니다. 그 아이가 아빠 어깨에 올라 서 있을 때 세상에서 무엇이 두렵겠습니까? 그리고 그 아이를 어깨에 올려놓은 아빠의 마음은 아이보다도 더 행복할 것입니다. 이 모습이 바로 하나님과 우리의 관계입니다. 우리는 주님의 어깨 위에 올라탄 그의 사랑스러운 아들이고 딸입니다.

롯과 같은 사람은 눈앞의 것만 보기 때문에 멀리 보지 못합니다. 그러나 하나님의 사람 아브라함은 하나님 아버지의 어깨 위에 서 있었습니다. 그래서 롯이 볼 수 없는 더 크고 더 찬란한 것을 볼 수 있었습니다.

사랑하는 여러분, 우리도 하늘 아버지의 어깨 위에 올라서야 합니다. 예배가 바로 하나님 어깨 위에 서는 것입니다. 하나님의 어깨 위에 서는 것이 주의 말씀 위에 서는 것입니다. 하나님의 어깨 위에 설 때 우리는 멋진 인생의 예고편을 볼 수 있습니다. 우리의 처지와 상황은 땅에 머물러 있어 제한적이지만, 믿음으로 사모하며 아버지의 어깨 위에 올라서면 상상할 수 없는 가슴 뛰는 일을 보게 됩니다.

오늘 이 예배의 시간, 비록 우리 몸은 이 자리에 앉아 있지만 믿음으로는 하나님의 어깨 위에 서 있음을 믿으시길 바랍니다. 하나님은 예배하는 자들에게 꿈을 주십니다. 마음속에 새로운 비전과 상상을 심어 주십니다.

우리는 지금 하나님의 어깨 위에 서 있습니다. 믿음의 눈으로 바라보십시오. 우리 마음의 스크린에 주님이 보여주시는 그림을 바라보십시오. 하나님은 우리를 목말을 태우시며 기뻐하시고, 우리는 그분의 어깨 위에서 꿈을 꾸며 감격하고 행복해할 수 있습니다. 얼마나 멋진 삶이고 복된 인생입니까? 이제 오늘 본문 15절 말씀을, 이 그림을 마음에 그리며 함께 읽겠습니다.

"보이는 땅을 내가 너와 네 자손에게 주리니 영원히 이르리라"

하나님은 보이는 땅을 주시겠다고 약속하셨습니다. 그러니 여러분, 믿음의 눈으로 바라보십시오. 주님의 어깨 위에 서서 멀리 바라보십시오. 비록 문제의 산들이 우리 앞을 가로막고, 땅에 서 있는 롯처럼 우리는 제한적으로만 보지만, 주님의 어깨 위에 서면 다 보입니다. 믿음의 눈으로 바라보면 세상이 달라집니다. 믿음의 눈으로 바라보면 여전히 소망이 있습니다. 사랑하는 여러분, 소망의 눈으로 이 세상을 바라보시기를 바랍니다. 날마다 하나님의 어깨 위에 서서, 주님이 보여주시는 멋진 인생의 예고편을 살아가시기를 예수의 이름으로 축복합니다.

3장

5년 후 나는
어떤 모습일까?

¹⁵ 라반이 야곱에게 이르되 네가 비록 내 생질이나 어찌 그저 내 일을 하겠느냐 네 품삯을 어떻게 할지 내게 말하라 ¹⁶ 라반에게 두 딸이 있으니 언니의 이름은 레아요 아우의 이름은 라헬이라 ¹⁷ 레아는 시력이 약하고 라헬은 곱고 아리따우니 ¹⁸ 야곱이 라헬을 더 사랑하므로 대답하되 내가 외삼촌의 작은 딸 라헬을 위하여 외삼촌에게 칠 년을 섬기리이다 ¹⁹ 라반이 이르되 그를 네게 주는 것이 타인에게 주는 것보다 나으니 나와 함께 있으라 ²⁰ 야곱이 라헬을 위하여 칠 년 동안 라반을 섬겼으나 그를 사랑하는 까닭에 칠 년을 며칠 같이 여겼더라

(창 29:15-20)

¹⁶ 그러므로 너희의 선한 것이 비방을 받지 않게 하라 ¹⁷ 하나님의 나라는 먹는 것과 마시는 것이 아니요 오직 성령 안에 있는 의와 평강과 희락이라 ¹⁸ 이로써 그리스도를 섬기는 자는 하나님을 기쁘시게 하며 사람에게도 칭찬을 받느니라

(롬 14:16-18)

이제는 하고 싶은 일을 하자.

언젠가 해야지, 내년에는 꼭 해야지.

생각만 한 일, 하고 싶었던 일.

나만의 크기와 형태로

그 어디에서도 팔지 않는

내가 직접 주문해 만든 인생을 살자.

멋지게 해내지 못하더라도 후회는 하지 말자.

지금이 절호의 시간이다.

   5년 후, 우리는 어떤 모습으로 살고 있을까요? 많은 사람이 꿈을 이루지 못하는 이유 중 하나는 생각을 바꾸지 않기 때문입니다. 생각은 그대로 두면서 좋은 결과만 기대하니, 결국 꿈이 이루어지지 않는 것입니다. 그만큼 생각은 중요합니다. 사람은 생각하는 존재입니다. 생각이 바뀌면 삶이 바뀝니다. 그러나 생각이 바뀌지 않으면 삶 역시 달라지지 않습니다. 잠언 20장 5절은 이렇게 말씀합니다.

> "사람의 마음에 있는 모략은 깊은 물 같으니라 그럴지라도 명철한 사람은 그것을 길어 내느니라"

우리 마음 깊은 곳에 있는 생각이 삶의 방향을 정합니다. 그래서 성경은 생각을 새롭게 하는 것을 강조합니다. 새번역 성경은 잠언 20장 5절을 이렇게 옮깁니다. "사람의 생각은 깊은 물과 같다." 마음 깊은 곳에는 맑은 샘물이 있습니다. 그 샘물을 길어 올리는 사람은 삶을 생기있게 살아갑니다. 그러나 많은 사람이 깊은 생각을 하지 않습니다. 얕은 생각으로, 되는 대로 꾀만 부리며 삽니다. 깊은 물 같은 생각을 끌어올리지 않으니 변화가 없고, 결국 메마른 삶을 사는 것입니다. 사람은 생각을 따라 사는 존재입니다. 생각이 사람을 이끌어 갑니다. 오늘 이 자리에 우리가 앉아 있는 것도 생각이 우리를 이곳으로 데려왔기 때문입니다. 앞으로도 생각은 우리를 어디론가 끌고 갈 것입니다.

생각은 참으로 신비합니다. 생각은 공간의 제한을 받지 않습니다. 우리 몸은 지금 여기에 있지만, 순간적으로 우리의 생각을 고향으로 보낼 수도, 선교지로 보낼 수도 있습니다. 심지어 지구 반대편으로도 보냅니다. 생각은 시간의 제약도 받지 않습니다. 친구들과 소꿉놀이하던 어린 시절로 데려가기도 하고, 아직 오지 않은 미래로 우리를 데려가기도 합니다.

5년 후 더 빛날 나를 상상하기

기억력이 좋은 사람을 두고 흔히 "똑똑하다, 공부를 잘한다." 라고 말하지요. 기억력이 과거와 연결된다면, 상상력은 미래와 연결됩니다. 사람들은 누구나 살아온 경험이 있어서 과거는 잘 떠올립니다. 그러나 미래는 아직 오지 않았기에 쉽게 그려내지 못합니다. 그렇다면 기억력과 상상력 중 어떤 것이 더 중요할까요? 오늘날은 기억력이 뛰어난 사람보다 상상력이 뛰어난 사람을 더 선호합니다.

오늘 이 시간 우리는 5년 후의 모습을 그려보려 합니다. 과거가 아니라 미래, 아직 가보지 않은 5년 후의 모습을 성령의 감동 안에서 상상해 보는 것입니다. 가슴 뛰지 않습니까? 오늘 이 말씀을 나누며, 5년 후 빛나고 멋진 자신의 모습을 믿음의 눈으로 그리기를 주님의 이름으로 축복합니다.

스티븐 코비(Stephen R. Covey)의 『성공하는 사람들의 7가지 습관』을 아마 들어보셨을 것입니다. 읽지 않았어도 제목만큼은 다 알 정도로 유명한 책이지요. 그의 아들 숀 코비(Sean Covey)도 청소년을 위해 『성공하는 10대들의 7가지 습관』을 저술했습니다. 저도 오래전에 청소년 사역을 할 때 이 책을 읽었는데, 지금까지 제 마음에 남아 자주 떠오르는 이야기가 하나 있습니다.

한 소년이 골목길을 걸어가는데, 저 앞에서 한 신사가 걸어오고 있었습니다. 그런데 그 신사는 비틀거리며 흐느적거리고, 지치고 피곤한 얼굴이었습니다. 점점 가까이 다가온 그 신사를 본 소년은 깜짝 놀랐습니다. 왜냐하면 그 신사의 얼굴이 바로 자기 미래의 얼굴이었기 때문입니다. 얼마나 충격이었겠습니까? 사랑하는 여러분, 만약 우리의 미래가 그렇게 초췌하고 힘겨운 모습이라면 오늘 밤 편히 잠들 수 있겠습니까?

우리는 5년 후를 알 수 없습니다. 믿음의 사람은 5년 후에 멋지고 빛나는 자신을 만날 수 있습니다. 지금은 2025년입니다. 앞으로 5년 후, 우리는 2030년에 도착할 것입니다. 세월의 길을 걸어가다 보면 언젠가 2030년의 나를 만나게 됩니다. 그 미래의 나는 기다리는 것이 아니라, 이미 나를 향해 오고 있습니다. 나는 이 길을 걸어가고 있고, 미래의 나는 나를 향해 오고 있습니다. 언젠가 둘은 만나게 됩니다. 5년 후의 나를 어떤 사람으로 만날지는 지금 어떻게 사느냐에 달려 있습니다. 5년 후의 나는 오늘 내가 선택하는 모습으로 빚어집니다.

오늘 저는 야곱의 이야기로 말씀을 나누고자 합니다. 야곱은

형 에서의 얼굴을 피하여 도망쳐, 하란 땅에 있는 외삼촌 라반의 집에 이르게 됩니다. 외삼촌의 일을 도우며 살던 어느 날, 라반이 야곱에게 제안합니다. "네가 아무리 내 조카라 해도, 내가 어찌 너를 공짜로만 일하게 하겠느냐? 네 품삯을 정하자." 이어지는 18절은 야곱이 그 제안에 대답하는 장면입니다.

> "야곱이 라헬을 더 사랑하므로 대답하되 내가 외삼촌의 작은 딸 라헬을 위하여 외삼촌에게 칠 년을 섬기리이다"

외삼촌 라반에게는 두 딸이 있었습니다. 언니는 레아이고, 동생은 라헬이었습니다. 그런데 야곱은 라헬을 더 사랑했습니다. 그래서 라반에게 이렇게 말합니다. "제가 외삼촌의 작은딸 라헬을 아내로 얻기 위해 칠 년을 섬기겠습니다." '섬기겠습니다'라는 표현은 겸손하게 들리지만, 사실상 머슴처럼 일하겠다는 약속이었습니다. 당시 고대 근동 사회에서는 사촌 간 결혼이 허용되었기에, 라반은 믿을 만한 조카에게 딸을 시집보낼 수 있고, 동시에 7년 동안 품삯 없이 일도 시킬 수 있었으니 얼마나 좋았겠습니까? 야곱은 그렇게 외삼촌 집에서 머슴처럼 일합니다. 매일같이 양을 치고, 들판을 누비고, 가축을 돌보며 수고를 아끼지 않습니다. 그런데 창세기 29장 20절에 보면 놀라운 말씀이 나옵니다.

> "야곱이 라헬을 위하여 칠 년 동안 라반을 섬겼으나 그를 사랑하는 까닭에 칠 년을 며칠 같이 여겼더라"

야곱에게 칠 년은 짧았습니다. 고생이었지만 사랑이 있었기에 기쁨이었고, 기다림이었지만 행복한 시간이었습니다. 여러분은 야곱의 심정을 이해하실 수 있습니까? 야곱은 힘들어도 괴로워도 괜찮았습니다. 칠 년 후에 사랑하는 라헬을 아내로 맞이할 수 있다는 꿈과 기대가 있었기 때문입니다. 이처럼 사람에게 꿈과 희망이 있으면 어떤 어려움과 고난도 견딜 수 있습니다. 하지만 내일에 대한 희망이 없다면, 미래가 보이지 않는다면, 사람은 결국 절망하고 주저앉게 됩니다.

사랑하는 여러분, 5년 후 우리는 어떤 모습일까요? 야곱이 라헬을 기다리며 일곱 해를 수일같이 여겼던 것처럼, 우리도 5년 후의 멋진 나의 모습을 기다리며 오늘을 살아가기를 축복합니다. 그렇다면 오늘 우리가 해야 할 일은 무엇일까요? 5년 후의 나를 믿음으로 '예약'하는 것입니다. 야곱이 "7년 후 라헬을 아내로 주십시오."라고 라반에게 말하며 약속을 붙잡았듯이, 믿음으로 말하십시오.

"나는 5년 후 이런 사람이 될 것입니다."

"나는 2030년에 하나님이 쓰시는 멋진 인물로 서 있을 것입니다."

그렇게 5년 후의 내 모습을 지금 여기서 예약하면, 야곱처럼 오늘을 기쁘게, 감사하며 살아갈 힘을 얻게 됩니다. 하지만 많은 사람은 이렇게 말합니다. "내 주제에… 내가 뭘 할 수 있을까?" 그래서 꿈은 막연하고, 목표는 흐릿하며, 삶은 힘을 잃어갑니다.

성장 마인드셋, 열린 구조

스탠퍼드 대학교의 캐럴 드웩(Carol S. Dweck) 교수는 무려 40년간 사람들의 성공과 실패를 연구했습니다. 어떤 사람은 성공하고, 어떤 사람은 실패하는 이유가 무엇일까요? 그 비밀을 파헤친 끝에 책 한 권을 썼습니다. 바로 세계적인 베스트셀러 『마인드셋(Mindset)』입니다. 드웩 교수의 연구 결과는 아주 분명했습니다. 사람의 성공을 결정짓는 가장 중요한 요소는 재능도 아니고, 환경도 아니었습니다. 그것은 바로 사고방식, 곧 마음의 태도였습니다. 그는 인간의 사고방식을 두 가지로 나누어 설명합니다.

첫 번째는 고정 마인드셋(Fixed Mindset)입니다. 이 사고방식을 가진 사람은 "내 능력과 지능은 이미 타고난 것이며, 아무리 노력해도 크게 변하지 않는다."고 믿습니다. 그래서 "송충이는 솔잎이나 먹고 살아야지", "내 주제에 뭘 하겠어" 하며 가능성을 막아버립니다. 이런 고정 마인드를 가진 사람은 실패를 두려워하고 도전도 하지 않습니다.

반면에 성장 마인드셋(Growth Mindset)을 가진 사람은 이렇게 생각합니다. "나는 지금 부족하지만, 노력과 배움을 통해 충분히 성장할 수 있다." 이들은 도전을 즐겨합니다. 실패를 통해 배우고 성장하는 과정을 가치 있게 여깁니다.

이와 비슷한 개념으로 '닫힌 구조'와 '열린 구조'라는 표현이 있습니다. 닫힌 구조는 고정 마인드셋과 매우 유사합니다. 예를 들어 동물은 닫힌 구조를 가지고 살아갑니다. 세월이 아무리 흘러도 동물의 삶은 거의 변하지 않습니다. 여전히 새들은 나무 위에 둥지를 틀고, 여우는 땅에 굴을 파며 살아갑니다. 한국에 있는 개와 미국에 있는 개는 어떻게 짖을까요? "멍멍" 똑같이 짖습니다. 왜 그럴까요? 그들의 본능은 고정되어 있기 때문입니다. 변화도 발전도 없습니다.

그러나 사람은 다릅니다. 사람은 열린 구조입니다. 한국에서 자라면 한국어를 하고, 미국에서 자라면 영어를 합니다. 같은 사람이라도 어떤 환경, 어떤 교육, 어떤 만남이냐에 따라서 완전히 달라집니다.

사람은 가능성을 가지고 이 세상에 태어났습니다. 성경은 분명하게 말합니다. 사람은 얼마든지 변화할 수 있고, 얼마든지 새롭게 될 수 있습니다. 그 근거가 되는 말씀이 빌립보서 4장 13절입니다. "내게 능력 주시는 자 안에서 내가 모든 것을 할 수 있느니라." 나의 한계만 바라보지 말고, 내게 능력 주시는 주님을 바라보아야 합니다. 하나님이 하실 수 있기 때문입니다. 그러므로 우리의 사고방식을 고정된 틀에서 해방시키고, 열린 구조로 바꾸어야 합니다. 그럴 때 비로소 삶이 변하고, 미래가 달라집니다.

사람은 고정된 존재가 아닙니다. 성경은 분명하게 말합니다. "내게 능력 주시는 자 안에서 내가 모든 것을 할 수 있느니라." 이것은 단지 위로의 말이 아닙니다. 무한한 가능성을 선언하는 말씀입니다. 바로 이것이 열린 구조, 성장 마인드셋입니다. 변화와 성장은 마음의 태도에서부터 시작됩니다. 예수님께서도 같은 말씀을 하셨습니다. 마가복음 9장 23절입니다.

"예수께서 이르시되 할 수 있거든이 무슨 말이냐 믿는 자에게는 능히 하지 못할 일이 없느니라 하시니"

열린 구조, 성장 마인드셋을 가진 사람들은 계속해서 성장합니다. "내가 뭘 하겠어?" "내 주제가 그렇지 뭐." 이런 말들은 모두 닫힌 구조에서 나오는 표현입니다. 변화 가능성을 스스로 차단해버리는 사고방식입니다.

목회자들이 모이면 종종 푸념처럼 하는 말이 있습니다. "목회 현장에서 제일 어려운 건, 사람이 잘 바뀌지 않는다는 거야." 참으로 공감되는 말입니다. 그 이유는 단순합니다. 많은 사람이 고정된 마인드셋을 가지고 있기 때문입니다. 자신은 원래 이렇다고 믿고, 더 나아질 수 없다고 단정지으니, 결국 변하지 않는 것입니다. 그래서 기적 중의 기적은 병이 낫는 것이 아니라, 사람이 바뀌는 것입니다. 우리가 예수님을 믿게 된 것, 그것 자체가 기적입니다. 그리고 예수님 안에서 생각이 바뀌고, 삶이 변화되는 것, 이것이야말로 가장 놀라운 기적입니다. 사랑하는 여러분, 하나님은 지금도 그 기적을 이루시는 분이십니다. 오늘 이 말씀 앞에서 마음의 문을 열고, 고정된 틀에서 벗어나기를 축복합니다. 우리의 변화가 곧 하나님의 살아 계심을 증거하는 일입니다.

무엇이 우리를 변하게 할까요?

첫째는 시간입니다. 시간이 지나면 모든 것은 바뀝니다. 나이가 들면 얼굴에 주름이 늘고, 피부의 탄력도 사라집니다. 그 변화는 대부분 점점 약해지고, 무뎌지는 방향으로 이뤄집니다. 하지만 주어진 시간을 어떻게 활용하느냐에 따라, 노화를 늦출 수 있습니다. 저속 노화입니다. 시간을 흘려보내지 말고, 붙잡으시기 바랍니다.

그렇다면, 5년 후 우리는 어떤 모습일까요? 5년이라는 시간은 우리를 바꿔 놓기에 충분한 시간입니다. 중학교나 고등학교를 졸업할 수 있는 시간이고, 대학이나 대학원 과정을 마칠 수 있는 시간입니다. 5년 후 어떤 나를 만나게 될지, 어떤 인생의 결과를 마주하게 될지는 지금 정할 수 있습니다. 그 시간 속에 하나님의 뜻과 은혜를 담아낸다면, 우리는 반드시 변화될 수 있습니다.

둘째는 배움입니다. 사람은 배움을 통해 발전합니다. 세계적인 동기부여가 찰스 존슨(Charles Johnson)은 이렇게 말했습니다. "지금부터 5년 후의 당신 모습은 두 가지에 의해 결정됩니다. 바로 '읽는 책'과 '만나는 사람'입니다."

여러분은 지금 어떤 책을 읽고 있습니까? 지금 무엇을 읽고, 무엇을 마음에 담고 있느냐에 따라 5년 후가 달라집니다. 만약 지금 책을 읽지 않고, 텔레비전이나 스마트폰만 보고 있다면 어떻게 될까요? 그 시간은 그저 흘러가기만 할 것입니다. 또 하나 요즘 당신은 어떤 사람과 교제하고 있습니까? 우리는 책을 통해 배우고, 사람에게 영향을 받습니다. 그래서 어떤 책을 읽느냐, 누구와 시간을 보내느냐는 인생에 결정적인 영향을 미칩니다. 좋은 책을 가까이하고, 좋은 사람을 곁에 두십시오. 책과 사람이 우리의 생각을 바꾸고, 생각이 우리의 삶을 바꾸기 때문입니다.

많은 사람이 축구선수 박지성을 좋아합니다. 그는 은퇴한 후 가끔씩 강연을 다니는데, 그때마다 축구 꿈나무인 중·고등학생들에게 이런 질문을 던진다고 합니다.

"훗날 유럽 리그에 진출하고 싶은 사람 손들어 봐요."

그러면 대부분의 학생들이 손을 듭니다. 꿈의 리그, 좋은 구단에서 뛰고 싶은 마음 때문이죠. 그런데 박지성 선수가 이어서 또 이렇게 묻는다고 합니다.

"그럼 유럽 구단에 가기 위해 지금 영어 공부를 하고 있는 사람 손들어 봐요."

그러면 손을 드는 학생이 거의 없다고 합니다. 어떻게 된 것일까요? 생각만 있고, 준비가 없는 것입니다. 꿈은 있는데, 그 꿈을 이루기 위한 실제적인 준비, 즉 배움과 훈련이 없는 것입니다. 사람은 학습을 통해서 성장합니다. 자기 자신을 가꾼다는 것은 자기 자신에게 투자하는 것입니다. 지금 당장 맛있는 것을 사 먹고, 좋은 옷을 입는 것이 투자가 아닙니다.

예전에 유행하던 개그 프로그램 중에, 어떤 상황이든 마지막에 이렇게 말하는 코너가 있었습니다. "결국은 소고기 사 먹겠지." 성공하면 뭐하나, 결국 비싼 소고기 사 먹는 것 아니냐는 풍자였습니다. 결국 잘 먹고 잘사는 이야기라는 거죠. 하지만 소고기를 사 먹고, 명품 옷을 입는 것은 투자가 아니라 소비입니다. 진짜 성장은 자기 자신에게 투자하는 것입니다. 배움에 투자하고, 성장에 투자하는 것, 그것이 우리를 변화시킵니다.

사랑하는 여러분, 5년 후의 멋진 나를 예약하십시오. 지금보다 훨씬 더 빛나는 나, 하나님의 뜻 안에서 쓰임 받는 나를 상상해 보십시오. 그렇다면 우리는 어떤 사람이 되어야 할까요?

많은 사람은 '중요한 사람'이 되고 싶어 합니다. 하지만 '가치 있는 사람'이 되어야 합니다. 중요한 사람이 된다는 것은 권력을 얻고, 지위가 높아지는 것을 말합니다. 그 자체가 나쁜 것은 아닙니다. 그러나 중요했던 사람이 가치를 잃으면, 사람들에게 외면당하고, 손가락질을 받고, 삶은 점점 비참해집니다. 가치는 곧 사람의 본질입니다. 가치 있는 사람이 되는 것이야말로, 진짜 성공이며 하나님께 쓰임 받는 삶입니다.

가치 있는 사람이 되라

아인슈타인은 "성공한 사람이 되려고 노력하지 말고, 가치 있는 사람이 되려고 노력하라(Try not to become a man of success, but rather try to become a man of value.)."라고 말했습니다. 그는 위대한 물리학자로서 과학에 큰 공헌을 했지만, 자신의 과학적 업적보다 더 중요하게 여긴 것이 있었습니다. 바로 인류의 평화, 도덕적 책임, 사회적 가치였습니다. 그의 말은 단순히 성공을 추구하는 삶이 아니라, 타인과 세상에 기여하는 존재로서의 가치를 추구하라는 메시지로 해석됩니다.

성경에서도 같은 원리를 보여주는 장면이 있습니다. 우리는 모두 오병이어의 기적을 잘 알고 있습니다. 예수님께서 보리떡 다섯 개와 물고기 두 마리로 오천 명을 먹이신 사건입니다. 그 현장에서 '중요한 사람'은 누구입니까? 예수님의 제자들이었습니다. 예수님의 측근이었고, 늘 함께 다녔고, 말씀을 가까이에서 들었던 사람들이었습니다. 사회적으로도, 영적으로도 '중요한 위치'에 있었습니다. 그러나 그날, 진짜 '가치 있는 사람'은 누구였습니까? 바로 이름 없는 한 어린아이였습니다. 그 아이는 자신이 가지고 있던 보리떡 다섯 개와 물고기 두 마리, 그 작은 도시락을 예수님께 드림으로써 오천 명을 먹이는 기적의 통로가 되었습니다. 사람들은 중요한 사람이 되기를 원합니다. 높은 자리, 영향력 있는 위치, 주목받는 인물이 되기를 소망합니다. 하지만 하나님은 중요한 사람보다, 가치 있는 사람을 찾으십니다. 로마서 14장 18절 말씀을 함께 읽어보겠습니다.

"이로써 그리스도를 섬기는 자는 하나님을 기쁘시게 하며 사람에게도 칭찬을 받느니라"

하나님을 기쁘시게 하고 사람에게 칭찬받는 사람이 가치 있는 사람입니다. 16절에서 이렇게 말합니다.

"그러므로 너희의 선한 것이 비방을 받지 않게 하라"

이 말씀은 아무리 선한 일이라 해도, 그것이 비방을 받는다면 그 선함은 온전하지 않다는 뜻입니다. 자신이 애써 이룬 것 때문에 오히려 사람들의 비난을 받는다면, 그것은 진정한 가치가 아니다. 왜 비방을 받을까요? 잘난 척하기 때문입니다. 자기 자랑이 많기 때문입니다. 혼자 잘났다고, 혼자 잘 먹고 잘 산다고 자랑하는 사람을 누가 좋아하겠습니까? 우리는 이런 장면을 종종 봅니다. 아들 자랑, 손자 자랑, 며느리 자랑… 듣는 사람은 불편한데도 혼자 신나서 자랑합니다. 그래서 요즘은 이런 말도 합니다. "자랑하려면 돈 내고 해라."

자랑은 듣는 이에게 거부감을 주는 경우가 많습니다. 그런데도 왜 그렇게 자랑하게 될까요? 바로 교만 때문입니다. 성경은 분명히 말합니다. "교만은 패망의 선봉이요, 거만한 마음은 넘어짐의 앞잡이니라"(잠언 16:18). 자랑하고 목에 힘주는 태도는 넘어짐을 부르는 길입니다.

반면, 사람들에게 칭찬받는 사람은 어떤 사람입니까? 겸손한 사람입니다. 하나님의 은혜는 물과 같습니다. 물이 어디로 흐르죠? 높은 곳에서 낮은 곳으로 흐릅니다. 물을 얻으려면 골짜기로 내려가야 합니다. 산꼭대기에는 물이 없습니다. 그처럼 교만한 자리에는 은혜가 없습니다. 하나님의 은혜는 자기를 낮추는 사람, 골짜기로 내려가는 사람에게 흐릅니다. 가치 있는 사람은 겸손한 사람입니다. 이제 로마서 14장 17절 말씀을 함께 읽어보겠습니다.

> "하나님의 나라는 먹는 것과 마시는 것이 아니요 오직
> 성령 안에 있는 의와 평강과 희락이라"

성경은 분명히 말합니다. 하나님의 나라는 외적인 것이 아닙니다. "먹는 것과 마시는 것"은 세상의 기준, 곧 외적인 조건들을 상징합니다. 중요한 사람들은 대개 잘 먹고, 잘 입고, 잘 사는 것에 관심이 많습니다. 하지만 가치 있는 사람들은 다릅니다. 그들은 외적인 것보다 내면의 세계에 집중합니다. 오직 성령 안에서 주어지는 의와 평강과 희락이 진정한 복임을 압니다. 그렇다면 의와 평강과 희락은 어떻게 주어질까요? 바로 감사와 겸손입니다. 감사하는 사람은 희락이 넘칩니다. 감사하는 사람의 마음에는 평강이 깃듭니다. 그리고 겸손한 사람은 하나님의 의를 덧입습니다.

사랑하는 여러분, 우리는 먹고사는 문제, 중요한 사람이 되는 문제에 매몰되지 말아야 합니다. 하나님은 가치 있는 사람, 겸손한 사람, 감사할 줄 아는 사람을 원하십니다. 오늘 우리가 그러한 삶을 사모하고 선택할 때, 5년 후 우리는 더 깊어지고 단단해진 사람, 하나님의 나라를 이루는 의와 평강과 희락을 누리는 사람이 되어 있을 것입니다.

분노를 내려놓고

조지 E. 베일런트(George Eman Vaillant) 교수는 하버드대학교의 성인발달연구(Harvard Study of Adult Development) 책임자로서, 수십 년에 걸쳐 인간의 행복과 정신적 건강에 대해 연구한 세계적인 정신과 의사입니다. 그는 행복에 대해 이렇게 말했습니다. "감사와 기쁨은 시간이 지날수록 더 나은 건강, 더 끈끈한 관계를 만들어준다. 반대로 부정적인 감정은 사람을 점점 고립시키고, 몸과 마음을 허약하게 만들며, 결국 자신을 병들고 괴롭게 만든다." 이 말은 매우 중요한 진리를 담고 있습니다. 우리를 병들게 하는 것은 외부 환경이 아니라, 우리 마음속의 감정이라는 것입니다. 그리고 우리를 가장 지치고 힘들게 만드는 부정적인 감정 중 하나가 바로 분노입니다.

특정한 사람에 대한 분노, 누군가에 대해 가지고 있는 피해의식, 그 사람을 미워하며 사는 마음은 결국 그 사람을 망치기보다 나 자신을 병들게 만듭니다. 분노를 품고 있는 사람은 분노의 대상자가 아니라, 분노를 품고 있는 바로 '자기 자신'이 고통을 받게 됩니다. 분노와 미움은 우리 삶을 점점 불안하게 만들고, 메마르게 하며, 결국은 자신을 황폐하게 만듭니다. 그 감정이 쌓이면 마음뿐 아니라 관계와 몸까지 무너지게 됩니다. 그러므로 진짜 회복은, 감사하는 마음을 선택하고, 분노를 내려놓는 데서부터 시작됩니다.

야곱의 형, 에서는 마음에 깊은 미움을 품고 살았습니다. 그는 동생에게 장자권을 빼앗겼다는 피해 의식을 안고, 분노의 칼을 갈며 야곱을 죽이려고 합니다. 복수를 다짐하며 살아가니, 에서의 삶은 점점 황폐해지고, 사람들과의 관계도 고립되어 갑니다. 강한 남자처럼 보여도, 마음속은 미움과 분노로 가득 차 있었습니다.

조지 E. 베일런트 교수는 이렇게 말합니다. "결론은 자명하다. 인생의 남은 절반은 당신의 삶에 감사와 기쁨으로 가득 차게 하라. 그러면 충만하고 건강하고, 행복하고 의미 있고, 가치 있는 삶을 살아가게 될 것이다." 결국 사람을 무너뜨리는 것은 환경이 아니라 마음의 상태입니다. 분노는 황폐함을 만들고, 감사는 회복을 이끌어냅니다.

사랑하는 여러분, 마음속의 칼을 내려놓고 감사와 기쁨으로 마음을 채우십시오. 그럴 때 하나님은 우리 삶을 건강하고 충만하게 회복시키실 것입니다. 긍정적인 감정, 감사와 기쁨이 충만해질수록 건강하고 행복하고, 의미 있고 가치 있고 소중한 사람이 될 수 있습니다. 하나님은 우리가 그렇게 살기를 원하십니다. 우리가 어디로 가든지 칭찬받고, 행복하고 기쁘게 살기를 원하십니다. 그리고 그렇게 살 수 있는 비결도 말씀하십니다. 골로새서 2장 6절에서 7절입니다.

> "그러므로 너희가 그리스도 예수를 주로 받았으니 그 안에서 행하되 그 안에 뿌리를 박으며 세움을 받아 교훈을 받은 대로 믿음에 굳게 서서 감사함을 넘치게 하라"

믿음에 굳게 서서 감사함을 넘치게 하는 것이 가치 있는 사람이 되는 지름길입니다. 감사가 우리 가슴에 가득 차서 넘쳐흐르도록, 매일의 삶 속에서 감사를 누적시켜야 합니다. 오늘 저는 이 강단에서 여러분의 5년 후를 믿음으로 선포합니다. 야곱이 라헬을 위해 칠 년 동안 머슴처럼 일하면서도 기쁨으로 살았던 것처럼, 여러분도 5년 후에 가치 있고 멋진 자신을 만나기 위해 오늘을 겸손하게, 감사로, 믿음으로 살아가십시오. 그렇게 산다면, 5년 후 하나님이 빚으신 멋진 나를 반드시 만나게 될 줄로 믿습니다.

대단한 자리에 오르려는 삶이 아니라, 가치 있는 사람이 되려는 삶. 권세를 쥐려는 손이 아니라, 감사로 하나님을 붙드는 마음. 하나님 앞에 겸손하게 감사하며 살아가는 것, 그것이 진짜 성공이며, 가장 복된 길입니다. 지금 여러분이 감사로 누적시키는 이 하루하루가, 미래의 여러분을 가치 있게 만들 것입니다. 이제 본문 로마서 14장 18절 말씀으로 마무리하겠습니다.

> "이로써 그리스도를 섬기는 자는 하나님을 기쁘시게 하며 사람에게도 칭찬을 받느니라"

하나님을 기쁘시게 하고, 사람에게도 칭찬을 받는 사람이 5년 후에 옵니다. 그날을 위해서 준비합시다. 이 복을 누리기를 예수의 이름으로 축복합니다.

4장

최고의 투자처는 어디일까?

1 예수께서 그리스도이심을 믿는 자마다 하나님께로부터 난 자니 또한 낳으신 이를 사랑하는 자마다 그에게서 난 자를 사랑하느니라 2 우리가 하나님을 사랑하고 그의 계명들을 지킬 때에 이로써 우리가 하나님의 자녀를 사랑하는 줄을 아느니라 3 하나님을 사랑하는 것은 이것이니 우리가 그의 계명들을 지키는 것이라 그의 계명들은 무거운 것이 아니로다 4 무릇 하나님께로부터 난 자마다 세상을 이기느니라 세상을 이기는 승리는 이것이니 우리의 믿음이니라

(요일 5:1-4)

살다 보면 누구나 힘든 순간들이 있습니다. 그 힘듦의 뿌리를 따라가 보면, 많은 경우 과거와 연결되어 있는 것을 발견하게 됩니다. 잘못했던 선택, 실수했던 결정들이 오늘의 우리를 무겁게 누르고 있는 것입니다. 그런데 우리의 힘듦은 과거의 사건 때문이 아니라, 그 과거를 자꾸 떠올리며 붙잡고 있기 때문에 생기는 경우가 많습니다. 그래서 생각이 중요합니다. 사람이 어떤 생각을 하며 사느냐가 그 사람의 인생을 만듭니다. 생각은 마음의 뿌리이고, 삶의 방향을 결정하는 나침반입니다. 그러므로 우리는 하나님 앞에 나아갈 때 믿음의 생각, 하나님의 생각, 하늘의 관점을 구해야 합니다. 야고보서 1장 5절은 이렇게 말씀합니다.

> "너희 중에 누구든지 지혜가 부족하거든, 모든 사람에게 후히 주시고 꾸짖지 아니하시는 하나님께 구하라 그리하면 주시리라"

하나님의 생각, 곧 하나님의 지혜가 우리 마음에 들어오면 마음이 살아나고 고동치기 시작합니다. 반대로 빈약하고 왜곡된 생각, 과거에 붙잡힌 부정적인 생각은 우리를 괴롭히고 삶을 무겁게 만듭니다. 좋은 생각을 품고 살면 마음은 평안하고, 감격으로 채워집니다.

로버트 슐러 목사님은 이런 말을 했습니다. "문제는 자원이 부족해서가 아니라, 좋은 생각이 부족해서 생긴다." 우리를 기분 좋게 만들고, 좋은 인생을 향해 나아가게 하는 힘은 좋은 생각에서 비롯됩니다. 그러므로 오늘 이 시간, 우리는 무엇을 생각하며 살아갈 것인가에 대해 다시 돌아봐야 합니다. 전도서 10장 1절의 말씀을 함께 읽어보겠습니다. 지혜의 왕 솔로몬이 말한 생각에 대한 교훈입니다.

> "죽은 파리들이 향기름을 악취가 나게 만드는 것 같이
> 적은 우매가 지혜와 존귀를 난처하게 만드느니라"

죽은 파리 한 마리, 보잘것없는 파리가 향기 나는 기름 전체를 오염시켜 악취를 나게 합니다. 우매한 생각 하나가 우리 인생 전체를 오염시킵니다. 그러니 이런 잘못된 생각, 어리석은 생각, 어두운 생각을 멀리해야 합니다.

투자의 현인이 추천한 종목

오늘 우리는 최고의 투자처가 어디인지 한번 나눠보도록 하

겠습니다. 우리는 투자에 관심이 많습니다. 그렇다면 어디에 투자해야 할까요? 세계에서 투자의 귀재라면 워런 버핏(Warren Buffett)을 말합니다. 이 사람은 '투자의 현인'이라고 부르기도 합니다. 현재 워런 버핏의 나이는 95세인데, 여전히 부자로 살아가고 있습니다. 그는 11살 소년 시절 때부터 투자를 시작해서 세계 10대 부자 안에 들었다고 합니다. 그의 자산은 약 1600억 달러로 추정되는데 이는 한화로 221조 원이 넘습니다. 하루는 워런 버핏이 강연을 하고 있었습니다. 그때 한 청년이 오른편에서 손을 들고 질문합니다. "세상에 주식 종목이 정말 많은데요, 그중에서 어디에 투자해야 하는지 딱 하나만 알려주세요." 그때 워런 버핏은 미소를 지으며 이렇게 대답했다고 합니다. "가장 좋은 투자처는 바로 자기 자신입니다."

저는 이 말을 듣고, 워런 버핏이 단순히 돈만 아는 주식의 귀재가 아니라, 삶을 통찰하는 현자(賢者)가 맞다는 생각이 들었습니다. 그는 왜 그렇게 말했을까요? 워런 버핏은 이렇게 설명합니다. "사람이 자신에게 투자해서 대체 불가능한 존재가 되면, 아무리 불황이라도 반드시 수익을 낼 수 있습니다. 왜냐하면 자신이 '대체 불가'이기 때문입니다."

최고의 투자처는 자기 자신입니다. 자기 자신에게 투자한 것은 누구도 빼앗아갈 수 없기 때문입니다. 경기 침체가 와도, 환경이 바뀌어도 자신의 내면에 쌓인 가치와 실력은 사라지지 않습니다. 자신에게 투자한다는 것은 자신의 '퀄리티'를 끌어올리는 것입니다.

그런데 우리는 왜 자기 자신에게 투자하지 않을까요? 자신의 가치와 소중함을 모르기 때문입니다. 자신을 하찮게 여기고, 열등감을 품고, 자신을 존중하지 않기 때문입니다. 그렇게 흘러가는 대로 살다가 인생을 허비하고 마는 것입니다. 그러나 성경은 우리가 얼마나 소중한 존재인지를 분명히 말씀하고 있습니다. 이제 창세기 1장 27절의 말씀을 함께 읽어보겠습니다. 하나님께서 우리를 어떤 존재로 지으셨는지를 보여주는 말씀입니다.

> "하나님이 이르시되 우리의 형상을 따라 우리의 모양대로 우리가 사람을 만들고 그들로 바다의 물고기와 하늘의 새와 가축과 온 땅과 땅에 기는 모든 것을 다스리게 하자 하시고"

하나님은 자기 형상대로 사람을 창조하셨습니다. 하나님은 하나님을 닮은 이미지로 남자와 여자로 만드셨습니다. 하나님이 남자와 여자를 너무나 존귀한 존재, 하나님을 닮은 존재로 만드셨습니다. 시편 8장 5절에 이렇게 말합니다.

"그를 하나님보다 조금 못하게 하시고 영화와 존귀로 관을 씌우셨나이다"

하나님을 사랑했던 다윗은 이렇게 고백합니다. 다윗은 우리가 하나님보다 조금 못한 하나님의 형상을 닮은 존재로 만들어졌고, 거기다 영화와 존귀로 관을 띄우셨다고 합니다. 그러니 우리는 얼마나 소중한 존재입니까? 우리는 하나님의 형상을 닮은 사람이고, 영화와 존귀로 관을 씌우신 소중한 존재임을 믿으시길 바랍니다. 이 가치를 알면 자신에게 투자하게 됩니다.

우리는 하나님의 형상대로 지으신 소중한 존재인데 왜 죄를 지을까요? 우리를 구속하기 위해 예수 그리스도께서 우리를 대신해서 십자가에서 돌아가셨습니다. 하나님은 우리를 하나님의 형상대로 만들고 당당하게 살기를 원하셨는데 죄를 짓고 지옥으로 가게 되니 예수 그리스도를 보내서 우리를 대신해 죽게 했습니다. 나의 존재가 그렇게 소중합니다. 성경에서 가장 중요한 구절 한 구절만 뽑으라고 하면 저는 요한복음 3장 16절을 택할 것입니다. 이 구절이 성경의 정수이자 핵심입니다.

> "하나님이 세상을 이처럼 사랑하사 독생자를 주셨으니 이는 그를 믿는 자마다 멸망하지 않고 영생을 얻게 하려 하심이라"

하나님이 세상을 이처럼 사랑했다고 하십니다. 여기서 말하는 세상은 동물이나 산천초목이 아니라 사람입니다. 사람, 그중에서도 특별히 나를 말씀하십니다. 그만큼 우리는 하나님께 소중한 존재입니다. 부모에게 자식은 생명과도 바꿀 수 없는 존재입니다. 우리는 그 이상으로 하나님께 사랑받는 존재입니다. 우리는 하나님의 형상을 닮은 존재이고, 예수님께서 자신의 생명을 십자가에 놓을만한 존재입니다.

우리가 예수님을 믿고 세례받는 날은, 인생에서 가장 소중하고 빛나는 시간입니다. 한 남자와 여자가 만나 결혼하는 날도 기념비적인 날입니다. 사랑하는 사람과 평생을 함께하기로 약속하는 날이니까요. 그런데 우리가 예수님을 믿고 세례받는 날은, 예수 그리스도와 영적으로 하나 되는 날입니다. 세례는 단순한 종교 행위가 아니라, 우리가 주님께 접붙임 받는 거룩한 연합의 의식입니다. 그리고 그 연합은 영원합니다.

세례와 관련해서 웃음을 주는 에피소드가 있습니다. 어느 연세 많으신 할머니께서 처음으로 교회를 다니게 되었고, 예수님을 믿게 되었습니다. 교회에서 세례를 받기로 했는데, 이를 위해서는 간단한 문답을 통과해야 했습니다. 문제는 할머니가 연세가 많다 보니 기억력이 좋지 않다는 것이었습니다. 그래서 며느리가 시어머니를 앉혀놓고 반복해서 이렇게 연습시켰습니다.

"어머니, 목사님께서 '예수님이 누구 죄 때문에 죽으셨습니까?'라고 물으시면 '내 죄 때문에 죽으셨습니다'라고 꼭 대답하셔야 해요. 이 말만 하시면 세례 받는 거예요!"

드디어 세례식 당일, 목사님과의 문답 시간이 되었습니다. 목사님이 물으셨습니다.

"할머니, 예수님이 누구 죄 때문에 죽으셨습니까?"

그러자 이 할머니가 아주 확신에 찬 목소리로 대답했습니다.

"우리 며느리 죄 때문에 죽으셨습니다!"

듣는 이들이 다 웃음을 터뜨렸습니다. 며느리가 "내 죄 때문에 죽으셨다."고 연습시키다 보니, 할머니는 그대로 "며느리 죄 때문에"라고 이해하신 것이지요. 하지만 여기서 우리는 중요한 진리를 되새기게 됩니다. 누구의 믿음으로 대신 구원받을 수는 없습니다. 아무리 어머니가 믿음이 좋아도 그 자녀가 자동으로 구원받지 않습니다. 남편이 믿음의 사람이라 해도 아내가 자동으로 천국에 가는 것도 아닙니다. 구원은 주님과 나, 일대일의 관계입니다. 예수님이 내 죄 때문에 죽으셨다는 사실을 믿을 때 구원이 임합니다. 그래서 복음은 '나를 위한 십자가'가 될 때 진짜 복음이 되는 것입니다. 성경은 이 진리를 분명하게 말씀합니다. 로마서 5장 8절은 이렇게 기록합니다

> "우리가 아직 죄인 되었을 때에 그리스도께서 우리를 위하여 죽으심으로 하나님께서 우리에 대한 자기의 사랑을 확증하셨느니라"

우리가 아직 죄인 되었을 때, 우리 마음과 고집으로 제멋대로 살 때, 아무것도 모를 때, 그리스도께서 우리를 위하여 죽으셨다는 것입니다. 우리가 모를 그때 주님이 이미 우리를 위해 죽으셨습니다. 이 죽음으로 하나님께서 우리에 대한 자기의 사랑을 확증하셨다고 합니다. "나는 하나님이 사랑하는지 잘 모르겠어. 하나님은 내게 관심 없나 봐."라는 말을 쉽게 하면 안 됩니다. 예수님이 죽으시고 부활하신 것만으로도 하나님의 사랑이 나타난 것

입니다. 오늘 본문 1절에도 그 말씀을 합니다.

"예수께서 그리스도이심을 믿는 자마다 하나님께로부터 난 자니 또한 낳으신 이를 사랑하는 자마다 그에게서 난 자를 사랑하느니라"

'하나님께로부터 난 자'는 누구일까요? 우리는 부모님의 몸에서 태어난 존재가 분명한데 성경은 영적으로 하나님께로부터 난 자라고 말합니다. '나는 누구일까요?' 나는 하나님의 형상으로 지음받은 사람, 예수 그리스도의 십자가 피로 구속받은 사람, 하나님께로부터 난 사람입니다. 그래서 소중한 존재입니다.

최고의 투자처는 바로 자기 자신입니다. 유명 식당에 가서 맛있는 음식을 먹고, 쇼핑하면서 좋은 옷을 사 입는 것이 투자가 아닙니다. 그것은 자기를 위한 선물은 되겠지만, 자신에게 투자하는 것이 아닙니다. 그것은 소비입니다. 진짜 투자는 자신에게 투자하는 것입니다. 투자에는 돈과 자본이 들어갑니다. 그런데 돈 하나 안 들이고 투자하는 방법이 있습니다. 바로 사랑하는 것입니다. 오늘 본문 3절입니다.

> "하나님을 사랑하는 것은 이것이니 우리가 그의 계명들을 지키는 것이라 그의 계명들은 무거운 것이 아니로다"

하나님을 사랑하는 것은 그의 계명을 지키는 것입니다. 그렇다면 그의 계명이 무엇일까요? 요약하면 '사랑'입니다. 구약의 많은 율법을 한 단어로 요약하면 사랑입니다. 그런데 누구를 사랑해야 합니까? 바로 하나님과 이웃입니다. 하나님과 이웃을 사랑하기 위한 전제는 무엇일까요? 자신을 사랑하는 것입니다. 자신을 사랑하지 않는 사람은 다른 사람을 사랑할 수가 없습니다. 자신을 미워하고 비하하는 사람은 누군가를 사랑한다고 말하지만, 그것은 오염된 사랑입니다. 그 사랑은 오래가지 못합니다.

세상을 이기는 승리, 믿음

그렇다면 우리는 자신을 어떻게 사랑할 수 있을까요? 하나님 앞에 감사하는 것입니다. "하나님, 나 같은 죄인을 구속해 주셔서 참 감사해요." 우리가 하나님께 감사하면, 그 감사의 감격이 가슴에 가득 차고 얼굴에는 자연스럽게 미소가 떠오릅니다.

사람은 언제 가장 아름다울까요? 10대 때도, 청년의 때도 아닙니다. 환한 미소를 지을 때입니다. 감사가 마음속 깊이 차올라 미소로 피어오를 때, 우리 얼굴은 천사의 얼굴처럼 빛납니다. 결국 자신을 사랑하는 방법은 하나님께 감사하는 것입니다. 처음에는 머리로, 지적인 동의에서 시작하지만, 시간이 지나면 마음으로 받아들여지고 감정으로 연결됩니다. 그러면 어느 순간, "나는 참 행복한 사람이구나."라는 감격이 찾아옵니다. 그 감격이 쌓이면 사람은 점점 가치있고 소중한 존재로 느껴지게 됩니다.

   자신을 사랑하기 위해 하나님 앞에 감사하십시오. 우리는 하나님의 사랑으로 감사가 넘쳐흘러 행복하게 될 때, 정말 아름답고 가치 있는 사람이 됩니다. 하나님이 지으신 이 아름다운 세상에서 축 처져 살지 말고 당당하게 살고, 환하게 미소 지으며, 찬송하고 휘파람 불며 살아가십시오. 그것이 하나님께서 기뻐하시는 삶입니다.

"삶의 여정에서 무엇이 중요할까요?"라고 물어보면 많은 사람이 먹고사는 문제를 떠올립니다. 물론 그것도 중요합니다. 그러나 그보다 더 중요한 것이 있습니다. 바로 믿음입니다. 예수를 믿는 믿음은 어떤 것보다도 중요합니다. 믿음을 가져야만 이 세상 삶을 다 마친 후에 구원을 받고, 영원한 생명을 얻어 천국에

갈 수 있기 때문입니다. 천국은 먹고 마시는 것으로 가는 곳이 아니라, 오직 예수님을 믿는 믿음으로 가는 곳입니다. 여러분, 교회에 나온다고 해서 자동으로 구원받는 것은 아닙니다. 물론 교회에 나오면 복음을 듣게 되고, 예수님을 믿게 될 확률이 높아집니다. 그러나 반드시 예수 그리스도를 나의 구주로 믿어야만 구원을 받을 수 있습니다. 믿음이 중요한 이유는, 영원한 생명을 얻기 위해서입니다. 그리고 이 세상을 살아가는 동안에도 믿음은 너무나도 중요합니다. 왜 그런지는 오늘 본문 4절에서 분명히 설명하고 있습니다.

"무릇 하나님께로부터 난 자마다 세상을 이기느니라
세상을 이기는 승리는 이것이니 우리의 믿음이니라"

우리가 사는 세상은 어려움이 많습니다. 우리 삶의 여정 속에는 수많은 걸림돌과 유혹이 존재합니다. 그러나 성경은 이렇게 선언합니다. "하나님께로 난 자마다 세상을 이기느니라. 세상을 이기는 승리는 이것이니 우리의 믿음이니라." 믿음으로 세상을 이깁니다. 힘으로, 인맥으로, 돈으로 이기는 것이 아니라, 오직 우리의 믿음이 세상을 이기는 승리의 열쇠입니다. 예수님도 우리에게 이렇게 말씀하십니다. "너희가 세상에서는 환란을 당하나 담대하라. 내가 세상을 이기었노라." 예수님의 그 믿음이 우리 안에 있기에 우리는 세상을 이길 수 있습니다. 마귀의 목표는 단 하나, 우리의 믿음을 빼앗는 것입니다. 우리를 유혹하고 바쁘게 만들고, 세상의 일들에 몰두하게 만드는 그 모든 의도는 결국 믿음을 흔들기 위한 것입니다. 믿음이 흔들리면 삶 전체가 흔들리기 때문에, 마귀는 수단과 방법을 가리지 않고 믿음을 노립니다.

구약의 욥은 마귀의 공격을 받았습니다. 마귀는 욥의 재산을 빼앗고, 자녀를 빼앗고, 건강까지 앗아갔습니다. 그러나 마귀의 궁극적인 목표는 그 모든 것이 아니라, 욥이 하나님을 저주하게 만들고, 결국 하나님과의 관계를 끊고 믿음을 잃게 하는 것이었습니다. 하지만 욥은 모든 것을 빼앗겼음에도 믿음만은 끝까지 붙잡았습니다. 욥기 1장 21절에서 그는 이렇게 고백합니다.

> "이르되 내가 모태에서 알몸으로 나왔사온즉 또한 알몸이 그리로 돌아가올지라 주신 이도 여호와시요 거두신 이도 여호와시오니 여호와의 이름이 찬송을 받으실지니이다 하고"

욥은 몸뚱이 하나만 남았습니다. 재산도, 자녀도, 건강도 모두 잃었지만 단 하나, 그의 믿음만은 누구도 빼앗지 못했습니다. 그는 마지막까지 그 믿음을 붙잡았고, 바로 그 믿음으로 인해 결국 모든 것을 회복하게 됩니다. 사랑하는 여러분, 끝까지 믿음을 지키시기 바랍니다. 먹고사는 문제로 인해 믿음을 놓친다면 결국 모든 것을 잃는 것입니다. 세상의 유혹과 재미를 따라가다 믿음을 놓친다면, 그 삶은 더 이상 의미를 찾기 어렵습니다. 모든 것을 잃고 알몸만 남아도, 믿음만은 지켜야 합니다. 오늘 본문 4절은 이 진리를 분명히 선포하고 있습니다.

"무릇 하나님께로부터 난 자마다 세상을 이기느니라
세상을 이기는 승리는 이것이니 우리의 믿음이니라"

사랑하는 여러분, 믿음으로 세상을 이기시기를 바랍니다. 우리는 넉넉히 이길 수 있습니다. 로마서에서 '우리를 사랑하시는 이로 말미암아 우리가 넉넉히 이긴다'고 했습니다. 믿음으로 이 세상에서 당하는 모든 어려움을 이겨내시기 바랍니다. 이 믿음은 그냥 자라지 않습니다. 세상을 이기는 믿음은 세월 따라 자라지 않습니다. 시간이 가면 아이들은 청년이 되고 어른이 됩니다.

그렇게 자랍니다. 작은 묘목도 시간이 흐르면 거목이 됩니다. 그런데 믿음은 아닙니다. 성경은 '먼저 된 자가 나중 되고 나중 된 자가 먼저 된다'고 합니다.

신앙생활을 오래 했음에도 믿음이 있는지 모르겠는 사람이 있습니다. 어떻게 믿음을 자라게 할 수 있을까요? 투자해야 합니다. 어디에 투자해야 할까요? 바로 '시간'입니다.

한번 생각해보십시오. 친한 친구가 있는데 왜 그 친구와 친해졌느냐고 물으면, 사람들은 저마다 다양한 이유를 이야기합니다. 취미가 같아서, 성향이 비슷해서, 같은 학원을 다녀서 등의 이유가 있을 것입니다. 그런데 그 모든 이유를 관통하는 공통점이 있습니다. 바로 그 사람과 보낸 시간이 많다는 것입니다. 시간만 나면 전화하고, 만나서 밥을 먹고, 같이 시간을 보내며 우정이 깊어진 것입니다. 반대로 어릴 적 동네 친구도 오랫동안 연락하지 않으면 금세 남남처럼 됩니다. 관계란 그런 것입니다. 인격적인 관계는 함께 시간을 보낼 때 점점 깊어지고 단단해집니다. 친구와의 우정도 시간이 쌓일수록 견고해지듯이, 믿음도 하나님과 함께한 시간이 쌓일수록 깊어지고 강해집니다. 주일에 한 번 예배드리러 교회에 나오는 것, 귀하고 소중합니다. 그러나 그것만으로는 부족합니다. 그래서 우리는 하나님과의 시간을 의도적으로 만들어야 합니다. 새벽에 나와서 기도하는 것, 그것은 단순한 기도가 아니라 하나님과의 시간을 확보하는 것입니다. 직장인이든 학생이든 모두 바쁘게 살아가겠지만, 일주일에 한두 번 정도는 하나님과의 시간을 만들 수 있습니다. 예를 들어 금요일 저녁 OTN 예배에 참석하는 것처럼, 그런 시간이 차곡차곡 쌓이면서 믿음이 자라나고 견고해지는 것입니다. 믿음은 시간을 투자해야 성장합니다. 하나님과의 관계에 시간을 투자해야 진정한 변화와 성숙이 일어납니다.

우리에게 확실한 투자처, 리스크 없는 투자처는 자신이라고 했는데 더 좋은 투자처가 있습니다. 어디일까요? 우리 삶에 주인 되시는 예수 그리스도가 어디에 투자하는지를 보면 알지 않겠습니까? 예수님의 투자처를 누가복음 5장 32절에서 말합니다. 그가 이 세상에 오신 이유와 목적을 설명하면서 투자처를 밝히고 있습니다.

"내가 의인을 부르러 온 것이 아니요 죄인을 불러 회개 시키러 왔노라"

예수님은 죄인, 형편없는 죄인, 버림받아 마땅한 죄인을 불러서 회개시키러 왔다고 하십니다. 다른 말로 하면 예수님의 투자처는 사람입니다. 자신의 생명을 우리에게 투자한 것입니다. 오늘 본문 2절에도 동일한 말씀을 합니다

"우리가 하나님을 사랑하고 그의 계명들을 지킬 때에 이로써 우리가 하나님의 자녀를 사랑하는 줄을 아느니라"

주님의 계명은 사랑입니다. 그 사랑의 최고봉은 주변 사람에게 예수 그리스도, 영원한 생명을 소개해 주는 것입니다. 이것이 그들을 사랑하는 최고의 방법입니다. 우리는 친구들과 같이 식당에 가서 밥 먹고 카페에 가서 커피를 마시며 같이 쇼핑센터에 가서 물건도 사지만 같이 교회는 오지 않습니다. 우리가 교회로 인도하지 않았기 때문입니다.

제가 지난 목요일 기독실업인회 조찬 모임에 참석했는데, 우연히 제 옆자리에 우리 교회 성도가 앉았습니다. 그분은 우리 교회에 처음 나오게 된 이야기를 들려주었습니다. 교회를 다니지 않았던 시절, 생일 선물로 뭐가 갖고 싶으냐고 물으니 "교회 한 번만 같이 가줘."라고 대답했다고 합니다. 생일 선물이 교회 한

번 가는 것이고, 돈도 드는 일이 아니니 그러겠다고 답했다는 겁니다. 그런데 그 한 번이 두 번이 되고, 세 번이 되더니 결국 학습을 받고 세례까지 받게 되었고, 지금은 교회에 다닌 지 3년이 되었다고 합니다. 그 사람을 교회로 인도한 친구의 마음은 얼마나 기쁘고 벅찰까요? 세상이 주는 그 어떤 선물보다도, 친구가 교회에 와서 예수님을 믿고 믿음이 자라나는 모습을 보는 것이 얼마나 감격스럽고 큰 기쁨이겠습니까? 누가 그 마음을 알겠습니까? 하나님의 일에 동참한 사람만이 알 수 있는 기쁨입니다.

철부지 소녀가 자라 아가씨가 되고, 결혼을 해서 아이를 낳고 엄마가 되지 않습니까? 우리는 여자는 약하지만, 엄마는 강하다는 것을 알고 있습니다. 모성애는 자녀를 위해 생명을 내걸 만큼 강하고 큽니다. 이처럼 예수를 믿는 우리가 한 영혼을 전도해서 구원받게 하면, 그 사람을 보면서 우리의 믿음은 더 강해집니다. 우리가 누군가를 교회로 인도했지만, 사실은 그 과정을 통해 우리의 믿음이 성장하고 강해지는 것입니다. 영혼 구원을 통해 우리는 더 깊어지고 강해집니다. 엄마가 생명을 낳으면서 강해지는 것처럼, 먼저 믿은 우리가 영적인 리더로서 누군가를 믿음 안으로 이끌어내면 결국은 우리가 믿음 위에 더욱 굳게 서게 됩니다. 이것이 하나님께서 주시는 신비한 은혜의 원리입니다. 오늘 본문 4절을 같이 읽고 마음에 새기며 오늘 말씀을 마무리하겠습니다.

"무릇 하나님께로부터 난 자마다 세상을 이기느니라
세상을 이기는 승리는 이것이니 우리의 믿음이니라"

여러분 모두가 믿음으로 세상을 이기는 삶을 살게 되기를 축복합니다.

5장

복된 인생,
자기 성장이 답이다

¹³ 우리가 다 하나님의 아들을 믿는 것과 아는 일에 하나가 되어 온전한 사람을 이루어 그리스도의 장성한 분량이 충만한 데까지 이르리니 ¹⁴ 이는 우리가 이제부터 어린아이가 되지 아니하여 사람의 속임수와 간사한 유혹에 빠져 온갖 교훈의 풍조에 밀려 요동하지 않게 하려 함이라 ¹⁵ 오직 사랑 안에서 참된 것을 하여 범사에 그에게까지 자랄지라 그는 머리니 곧 그리스도라 ¹⁶ 그에게서 온 몸이 각 마디를 통하여 도움을 받음으로 연결되고 결합되어 각 지체의 분량대로 역사하여 그 몸을 자라게 하며 사랑 안에서 스스로 세우느니라

(엡 4:13-16)

삶의 방향을 잃은 사람들은 생기가 없고 무기력합니다. 이들은 목표도 없이 그저 되는 대로 살다가 시련이 닥치면 쉽게 주저앉고 맙니다. 여러분은 혹시 의욕 없는 삶을 살고 있지는 않습니까? 하나님께서 은혜를 주셔서 여러분의 삶에 생기와 활력이 넘쳐 가슴 뛰는 인생을 살게 되기를 예수 이름으로 축복합니다.

오늘 말씀의 제목은 '복된 인생, 자기 (　)이 답이다'입니다. 괄호 안에 들어갈 답을 함께 찾아봅시다. 우리 인생은 단 한 번뿐입니다. 다시 돌아오지 않는, 단회성의 시간을 지금 우리는 살고 있습니다. 오늘을 어떻게 사느냐에 따라 인생이 달라집니다. 바르게, 반듯하게 살았다면 한 번뿐인 인생이라도 괜찮습니다. 아쉬움은 있을지라도 후회 없는 삶이 될 것입니다. 저 또한 늘 그런 삶을 살게 해달라고 기도합니다. 한 번 지나가는 인생, 아쉬움이 전혀 없을 수는 없습니다. 그러나 후회하지 않으려면 지금을 잘 살아야 합니다. 잘 산다는 것은 무엇일까요? 이런 말이 있습니다. "돈을 잃은 것은 조금 잃은 것이고, 명예를 잃은 것은 많이 잃은 것이며, 건강을 잃은 것은 모든 것을 잃은 것이다."

복된 삶에 대하여

건강은 나이에 상관없이 누구에게나 중요합니다. 그런데 병이 없는 것이 진짜 건강한 것일까요? 죄를 짓고 감옥에 갇힌 사람들, 특히 폭력으로 교도소에 들어간 사람들을 보십시오. 그들 중에는 병이 없고, 힘도 세며 근육질 몸을 가지고 있는 이들이 있습니다. 그들을 진정으로 건강하다고 할 수 있겠습니까? 신체적으로는 건강할지 몰라도 마음과 정신은 그렇지 않으니 건강한 사람이라고 할 수 없습니다.

또 이런 경우를 생각해 보십시오. 술을 많이 마셔 간이 나빠지고 결국 간경화까지 와서 오랫동안 치료받아 겨우 회복했다고 합시다. 그런데 퇴원 후 다시 술을 마신다면 어떻게 될까요? 간은 또다시 나빠질 것입니다. 만약 음주 운전으로 사고까지 낸다면, 그를 건강한 사람이라고 할 수 있겠습니까? 의사가 간은 치료했을지 몰라도, 그 사람의 삶 전체를 치료한 것은 아닙니다.

하나님께서는 우리가 몸만 건강한 것이 아니라, 복되게 잘 살기를 원하십니다. 하나님 보시기에 온전하고 의미 있는 삶, 그것이 진짜 건강한 삶입니다. 몸이 건강하고, 명예를 얻고, 돈이 많다고 해서 복된 삶이 아닙니다. 오늘 본문 13절은 복된 삶에 대하여, 진짜 잘 사는 사람에 대해 말씀하십니다.

"우리가 다 하나님의 아들을 믿는 것과 아는 일에 하나가 되어 온전한 사람을 이루어 그리스도의 장성한 분량이 충만한 데까지 이르리니"

온전한 사람이란 어떤 사람일까요? 문자 그대로라면 '퍼펙트(perfect)'한 사람, 곧 부족함이 전혀 없는 사람을 뜻합니다. 더할 것도, 뺄 것도 없는 완성된 상태를 말합니다. 그러나 흠 없고 완전한 사람이 세상에 과연 있을까요?

우리는 흠 많고 부족한 존재이지만, 그럼에도 불구하고 성경은 온전한 사람에 대해 말씀합니다. 그 온전함이란 곧 하나님의 아들 예수 그리스도를 믿고, 그분을 아는 일에 하나가 된 사람을 가리킵니다. 쉽게 말하면, 우리 스스로는 연약하고 부족하지만 하나님께서 보실 때는 예수 그리스도 안에서 온전한 사람으로 여겨 주신다는 뜻입니다.

세계보건기구 WHO에서는 건강을 단순히 몸의 건강만을 말하지 않습니다. WHO는 건강을 이렇게 정의합니다. "건강이란 단순히 질병이나 허약함이 없는 상태가 아니라, 신체적·정신적·사회적으로 완전한 안녕(well-being)의 상태를 말한다." 최근에는 여기에 하나를 더 붙였습니다. 바로 영적입니다. 이 네 가지를 갖출 때 건강한 것입니다.

오늘 본문 13절은 '하나님 아들을 믿는 것과 아는 일에 하나가 되어 온전한 사람을 이루어'라고 말합니다. 여기서 온전한 사람은 예수를 믿는 사람입니다. 예수 믿지 않는 사람들이 "교회 다니는 사람이 왜 그 모양이야?"라는 말을 종종 합니다. 그때마다 우리는 주눅이 듭니다. 그런데 성경이 말하는 온전한 사람은 수준이 아닌 신분을 말합니다. 우리는 수준이 낮고 인격적으로나 도덕적으로 흠이 많습니다. 그런데 하나님의 아들이라는 신분을 얻었습니다. 예수를 믿기에 하나님의 자녀가 되었습니다. 예수의 피 뿌림을 입은 하나님의 사람으로 신분이 온전한 사람인 것입니다. 그러니 당당하게 사시기 바랍니다. 우리는 신분이 확실한 사람입니다. 그러니 부족한 것이 많다고 주눅들 필요가 없습니다. 하나님이 우리를 사랑하는 아들딸로 바라보십니다. 요한일서 5장 12절에는 한 걸음 더 나아갑니다.

"아들이 있는 자에게는 생명이 있고 하나님의 아들이 없는 자에게는 생명이 없느니라"

'아들'은 곧 예수 그리스도이십니다. 아무리 도덕적으로 뛰어나고 훌륭한 사람이라 해도, 하나님의 아들 예수가 없는 사람에게는 생명이 없습니다. 겉으로는 살아 있지만, 참된 의미의 잘 사는 삶은 아닙니다. 반대로 부족함이 많아도, 남녀노소나 빈부귀천을 막론하고 예수가 있는 사람은 생명이 있습니다. 우리는 연약하고 부족하지만, 예수 안에 있는 사람은 생명을 얻었고, 성경은 그들을 온전한 사람이라 말씀합니다.

예수 안에 있는 우리는 하나님의 자녀라는 신분을 얻었습니다. 하나님께서는 우리를 온전한 자로 보십니다. 그러나 하나님은 우리가 구원받은 그 상태에 머물러 있기를 원하지 않으십니다. 하나님은 우리가 자라고, 성숙해지기를 원하십니다. 오늘 본문 13절을 다시 보겠습니다.

> "우리가 다 하나님의 아들을 믿는 것과 아는 일에 하나가 되어 온전한 사람을 이루어 그리스도의 장성한 분량이 충만한 데까지 이르리니"

우리는 하나님의 아들을 믿고 아는 일에 하나가 되어 온전한 사람이 되었습니다. 예수를 믿음으로 이미 온전한 사람으로 세워진 것입니다. 그러나 성경은 거기서 멈추지 않고 말씀합니다.

"그리스도의 장성한 분량에 충만한 데까지 이르리니" 즉, 우리는 조금씩 예수를 닮아가며 마침내 그리스도의 충만한 분량에까지 자라야 한다는 것입니다. 하나님은 우리가 그렇게 성장하기를 원하십니다.

그리스도의 장성한 분량에 이르기까지

그렇다면 복된 인생은 무엇일까요? 바로 자기 성장입니다. 우리가 복된 인생으로 성장할 때, 그 삶 자체가 답이 되는 것입니다. 우리가 복 있는 사람이 되면 가는 곳마다 복이 따라오지 않겠습니까? 따라서 복된 삶의 정답은 소유나 외적 조건이 아니라, 자기 자신을 복된 인생으로 만들어 가는 성장입니다. 잘 산다는 것은 단순히 예수를 믿는 데서 멈추지 않고 점점 더 성장해 가는 것입니다. 성장의 기쁨은 크고 놀랍습니다. 그러므로 우리는 소유를 늘리는 데 힘쓸 것이 아니라, 자신을 복된 사람으로 세워가는 데 힘써야 합니다. 하나님은 우리가 자라가기를 원하십니다. 그리고 그 성장은 결국 예수 그리스도를 닮아가는 데 있습니다.

아주 오래 전, 유럽 상인들이 아프리카 오지 마을에 갔습니다. 그곳에서 아이들이 모여 공기놀이를 하고 있었는데, 자세히 보니 그 공깃돌이 사파이어와 다이아몬드 같은 보석이었습니다. 아이들은 그것이 얼마나 값비싼 보석인지 모르고 놀고 있었던 것입니다. 상인 한 사람이 호주머니에서 사탕을 꺼내 아이들에게 나눠주었습니다. 아이들이 사탕 맛을 보고 너무 좋아하자 상인은 제안을 했습니다. "얘들아, 이 사탕과 너희 돌을 바꾸자." 그러자 아이들은 망설임도 없이 사탕 몇 개에 귀한 보석들을 다 내주었습니다. 상인은 다음 날 다시 오겠다며, "돌을 더 모아 두어라. 사탕 하나에 돌 하나씩 바꿔주겠다"라고 했습니다. 다음 날 아이들은 엄청난 양의 보석을 모아왔고, 상인은 사탕 몇 개로 그 귀한 보물들을 전부 가져갔습니다. 아이들이 값비싼 보석을 사탕 몇 개와 바꿔버린 것입니다. 얼마나 어리석은 일입니까? 우리가 자신이 얼마나 소중한 존재인지 알지 못하면 이렇게 됩니다. 오늘 본문 14절에 이렇게 말합니다.

"이는 우리가 이제부터 어린아이가 되지 아니하여 사람의 속임수와 간사한 유혹에 빠져 온갖 교훈의 풍조에 밀려 요동하지 않게 하려 함이라"

자라지 않고 어린아이로 머물러 있으면 결국 이런 꼴을 당하게 됩니다. 예수를 믿고 구원은 받았지만, 성장하지 않으니 금보다 귀한 믿음을 잃어버리는 것입니다. 우리는 존귀한 하나님의 사람이며, 세상의 어떤 것과도 바꿀 수 없는 믿음을 가지고 있습니다. 그런데 그 믿음이 얼마나 귀한지 알지 못하면, 세상의 재미와 순간의 즐거움, 달콤한 사탕 하나와 바꿔 버리는 어리석음을 범하고 맙니다.

어린아이로 머물러 있으면 그렇습니다. 유혹에 넘어가고, 속임수에 속으며, 세상 풍조에 휘둘립니다. 그래서 하나님은 우리가 어린아이의 수준에 머무는 것을 원치 않으십니다. 그리스도의 장성한 분량에 이르기까지 자라가기를 원하십니다.

제가 이민교회에서 목회할 때, 샌디에이고(San Diego)라는 큰 도시에 갈 일이 있었습니다. 그곳으로 가려면 반드시 큰 산을 넘어야 했습니다. 산은 깊고, 오르막이 심한 계곡을 지나야 했습니다. 제 차는 배기량이 적은 중고차였는데, 오르막을 올라가려고 액셀러레이터를 밟으면 요란한 소리만 날 뿐 힘이 나지 않았습니다. 에어컨까지 끄고 겨우 올라가는데, 옆을 보니 다른 차들은 가볍게, 힘차게 훅훅 달려 지나갑니다. 그때 제 마음속에 이런 생각이 들었습니다.

"나는 언제 저런 차를 한번 타볼까?"

배기량이 적으면 모든 것이 힘겹습니다. 마찬가지로 인생의 배기량이 적은데, 성장하지 않으면 어려운 일을 만날 때마다 흔들리고 주저앉습니다. 사실 문제는 물이 깊은 데 있는 것이 아니라, 수영을 못하는 데 있는 것입니다. 우리가 어린아이의 신앙에 머물러 있으면 작은 일 하나만 만나도 쉽게 흔들립니다. 그러므로 우리는 반드시 성장해야 합니다. 오늘 본문 15절입니다.

> "오직 사랑 안에서 참된 것을 하여 범사에 그에게까지 자랄지라 그는 머리니 곧 그리스도라"

성경은 이렇게 말씀하고 있습니다. "그에게까지, 곧 우리의 구주 예수 그리스도에게까지 자라가라. 멈추지 말고 자라가라. 네가 자라면 모든 것이 가능하다." 그렇다면 질문이 생깁니다. 무엇이 자라야 할까요?

지난 11월에 교육학회에 다녀왔습니다. 한양대학교 사범대학 건물에서 교육학회가 있었는데 교육학을 가르치는 크리스천 교수들이 모였습니다. 지방에서도 많이 참석했습니다. 제가 기조 발제 겸 말씀을 잠시 전했습니다. 그때 제목이 '좋은 목표가 좋은 인생을 만든다'였습니다. 학교는 교육을 통해 아이들이 배우고 성장하도록 돕는 곳입니다. 학교의 목적은 지식과 실력을 갖춘 인재를 길러내는 데 있습니다. 그러나 공부만 잘하는 것으로는 충분하지 않습니다. 인생의 큰 시련이나 난관 앞에서는 쉽게 무너질 수 있기 때문입니다. 이는 머리로는 똑똑하지만, 마음의 그릇이 단단히 준비되지 않았기 때문입니다. 존 맥스웰(John C. Maxwell) 목사님은 『리더의 조건』이라는 책을 썼습니다. 존 맥스웰 목사님은 어느 그룹의 리더든지 21가지 덕목이 필요하다고 합니다. 진정한 리더가 갖출 것은 흠 없는 성품(Character), 사람을 끌어당기는 카리스마(Charisma), 사명에 대한 흔들림 없는 헌신(Commitment), 명확하고 열린 의사소통(Communication), 탁월한 능력(Competence), 두려움을 넘어서는 용기(Courage), 상황을 통찰하는 분별력(Discernment), 핵심에 집중하는 힘(Focus), 베푸는 관대함(Generosity), 스스로 시작하는 주도성(Initiative), 귀 기울여 듣는 경청(Listening), 뜨거운 열정(Passion), 긍정적인 태도(Positive Attitude), 문제를 해결하는 능력(Problem Solving), 건강한 관계(Relationships), 맡은 바를 끝까지 지는 책임감(Responsibility), 내면의 안정(Security), 스스로를 다스리는 자기절제(Self-Discipline), 섬기는 마음(Servanthood), 배우려는 겸손한 태도(Teachability), 그리고 큰 그림을 보는 비전(Vision)입니다. 이것들을 우리가 다 기억해야 할 필요는 없지만, 우선순위로 꼽는 조건은 알아야겠지요. 바로 '성품'입니다. 우리의 마음의 그릇, 성품이 좋아야 합니다. 마음의 그릇이 준비되지 않으면 큰일을 맡겼을 때 감당하지 못합니다. 마음 그릇은 사람의 크기입니다. "이 사람은 큰 사람이야."라고 할 때 그 사람은 마음 그릇이 크다는 것입니다.

하나님은 다윗을 이스라엘의 지도자로 삼으셨습니다. 하나님의 마음에 합한 다윗을 불러서 나라를 맡기셨습니다. 그런데 왜 다윗을 선택하셨을까요? 시편 78장 72절에서 확인할 수 있습니다.

> "이에 그가 그들을 자기 마음의 완전함으로 기르고 그의 손의 능숙함으로 그들을 지도하였도다"

성경은 다윗을 선택한 이유를 분명히 말씀합니다. 하나님이 맡기셨을 때, 다윗은 이스라엘 백성을 자기 마음의 완전함으로 이끌었습니다. 목자가 양을 돌보듯 그는 온전한 마음으로 백성을 돌보았습니다. 그리고 또 하나, 그는 손의 능숙함으로 백성을 지도했습니다. 마음의 완전함과 손의 능숙함, 이 두 가지로 다윗은 하나님의 백성을 인도했던 것입니다. 여기서 중요한 교훈이 있습니다. 마음의 그릇이 준비되지 않은 사람이 힘을 갖게 되면, 그를 따르는 사람들이 고통을 겪는다는 것입니다. 마음의 그릇이 준비되지 않은 사람에게 권력을 주면, 그는 결국 폭군이 되고 맙니다. 하나님은 다윗의 마음을 보시고, 그의 마음의 완전함을 믿고 맡겨주신 것입니다.

그러나 자기절제가 없는 사람은 다릅니다. 욱하는 성질을 이기지 못하면, 평생 쌓아온 것을 한순간에 잃어버립니다. 직장에서 순간적으로 화를 이기지 못해 사표를 던지고 돌아서서 후회합니다. 부부간의 갈등에서도 욱하는 마음에 관계를 깨뜨리고 나서야 후회합니다. 화가 난 상태에서 내린 결정에는 반드시 후회가 따릅니다.

우리가 성질을 내서 잃어버린 것들이 얼마나 많습니까? 그런데 왜 사람들은 그렇게 쉽게 욱하고 성질을 낼까요? 이래서 화가 나고, 저래서 화가 난다고 말합니다. 그러나 마음의 깊은 곳을 들여다보면, 결국 이유는 한 가지입니다. "나는 잘못이 없다."라는 생각 때문입니다. "네가 다 잘못했고, 나는 하나도 잘못이 없다."라는 태도입니다. 결국 자기가 옳다는 것입니다. 그러나 늘 옳을 수 없습니다. 틀릴 수도 있고, 부족할 수도 있습니다. 완전히 옳으신 분은 오직 하나님뿐입니다. 하나님만이 선하시고 완전하십니다. 이 사실을 인정하면 화가 나도 조금은 내려놓을 수 있습니다. 잠언 16장 32절은 화에 대해 말합니다.

"노하기를 더디하는 자는 용사보다 낫고 자기의 마음을 다스리는 자는 성을 빼앗는 자보다 나으니라"

즉, 화를 내지 않고 마음을 다스리는 것이야말로 가장 큰 힘이라는 것입니다. 근육질의 남자, 칼을 차고 전쟁터에 승리하는 용사보다 마음 그릇이 큰 사람이 낫고, 자기 마음을 잘 다스리는 사람이 성을 빼앗는 자보다 낫다고 합니다. 속사람의 완전함, 마음의 그릇이 커지기를 축복합니다. 자주 성질을 낸다면 하나님 앞에 기도하십시오. 기도할 때 "하나님, 능력을 주옵소서. 불을 주옵소서."라고 기도하지 말고, "불 받기 전에, 능력 받기 전에 주님을 닮기 원합니다. 주님 마음을 주십시오."라고 기도해야 합니다. 온유하고 겸손한 주님의 마음을 달라고 기도해야 합니다. 이것은 저의 기도 제목이기도 합니다. 저는 새벽마다 "주님, 주님 마음을 닮기 원합니다."라고 기도합니다.

마음 그릇의 크기가 그 사람 인생의 크기입니다. 그래서 자라야 하고 성장해야 합니다. 다윗에게는 그의 손에 능숙함이 또 있었습니다. 기술입니다. 마음 그릇만 크다고 되는 것이 아닙니다. 기술, 능력이 있어야 합니다. 다윗이 골리앗을 쓰러뜨린 것은 칼이 아니라 돌입니다. 다윗을 칼을 쓰지 않고 돌을 던졌습니다. 그는 돌 던지는 기술을 언제 익혔을까요? 다윗은 양 떼를 지킬 때 짐승이 달려오면 돌을 던졌습니다. 자기 일에 충실한 사람은 자기 일에 전문가가 됩니다. 여러분은 맡은 일에 전문가가 되어야 합니다. 다윗은 돌 던지기에 전문가입니다. 잠언 22장 29절에서 그 말씀을 합니다.

"네가 자기의 일에 능숙한 사람을 보았느냐 이러한 사람은 왕 앞에 설 것이요 천한 자 앞에 서지 아니하리라"

여기에서 핵심은 '자기 일'입니다. 남의 일이 아닌 자신이 맡은 일에 전문가가 되는 것입니다. 능숙한 사람은 왕 앞에 선다고 합니다. 마음의 역량이 커지고, 자기 일에 전문가가 되는 능력을 키워야 합니다. 우리가 살아가면서 다양한 일을 맡게 됩니다. 그 일을 위해 능력을 자라게 하는 분명한 길이 있습니다. 바로 일반 은총으로 주신 '독서'입니다. 여러분이 무슨 일을 하든지, 그 분야와

관련된 책을 100권만 꾸준히 읽어보십시오. 그 방면의 전문가가 될 수 있습니다. 옛날에 학교에서 배웠던 지식만 붙잡고 살아가면 안 됩니다. 대학 4년 동안 배운 지식도 1년만 지나면 무용지물이 되는 시대입니다. 새로운 정보와 지식이 끊임없이 쏟아지기 때문입니다. 그래서 우리는 계속 독서를 통해 배워야 합니다. 독서는 우리의 능력을 키우고, 삶을 변화시키는 힘을 가지고 있습니다.

『백수의 1만 권 독서법』에서 저자 김병완은 백수가 되자 도서관에서 1만 권의 책을 읽었다고 합니다. 그러자 다시 인생이 재개되었다고 합니다. 그가 이렇게 말합니다. "책을 읽지 않는 사람은 한 번의 인생을 살지만, 책을 읽는 사람은 여러 번의 인생을 산다."

맞는 이야기입니다. 우리는 물리적으로는 한 번의 인생을 삽니다. 그런데 독서를 하는 사람들은 다릅니다. 그들은 질적으로 풍성한 인생을 삽니다. 독서는 하나님이 우리에게 주신 최고의 일반 은총입니다. 독서는 거인의 어깨 위에 올라서는 것입니다. 멀리까지 볼 수 있게 되는 것입니다. 여러분들이 자기 영역에서 실력을 쌓아 그 분야의 전문가가 되시기를 축복합니다.

하나님은 당신이 대체 불가능한 존재가 되기를 원하십니다. 복된 인생은 자기 성장이 답입니다. 그러면 우리가 어떻게 성장할 수 있을까요? 여러 가지 방법이 있겠지만, 저는 성경에 말하는 것을 전하고자 합니다. 베드로전서 2장 2절을 봅시다.

"갓난아기들같이 순전하고 신령한 젖을 사모하라 이는 그로 말미암아 너희로 구원에 이르도록 자라게 하려 함이라"

아기는 눈을 감고도 엄마 젖이 어디 있는지 압니다. 본능적으로 목말라 하고, 헐떡이며, 사모하는 마음이 있기 때문입니다. 우리도 자라나려면 갈급함과 사모함이 있어야 합니다. 이미 다 이룬 것처럼 사는 여유만만한 사람은 성장하지 않습니다. 그러나 늘 목마르고 부족함을 느끼며 갈망하는 사람은 성장해 갑니다. 저 역시 하남교회 담임목사로서 마지막 때까지 성장에 대한 목마름을 가지고 끊임없이 배우기를 원합니다. 스티브 잡스가 스탠퍼드 대학교 졸업식 연설에서 남긴 유명한 말이 있습니다.

"Stay hungry, Stay foolish."

즉, 배움에 있어 항상 목말라하고, 어리석을 정도로 겸손하라는 말입니다.

스테이 헝그리(Stay hungry), 늘 배고프고 목마른 것처럼 헝그리 정신으로 헐떡이고, 스테이 풀리시(Stay foolish), 바보같이 '나는 부족하지'하며 새로운 것에 마음을 열어야 배우지 않겠습니까? 성장의 첫 번째 원동력은 사모함이고 두 번째 원동력은 목표입니다. 마일스톤(Milestone)이 없으면 열심이 있어도 좋은 결과가 나오지 않습니다. 방향이 정해져야 합니다.

지난여름에 자전거를 타고 문경까지 다녀온 적이 있습니다. 중간에 수안보에서 1박을 하고, 아침 일찍 출발해 자전거 타는 사람들이 가장 힘들어한다는 이화령 고개를 넘어갔습니다. 출발하자마자 고갯길이 이어져 무척 힘들었는데, 이화령 고개에 비하면 아무것도 아니었습니다. 이화령 고개는 문경으로 넘어가는 길인데, 오르막이 무려 5km나 계속됩니다. 평균 경사가 6.4도에 달하는 고난도 코스입니다. 저는 선수도 아니고, '힘들면 한두 번 쉬어가지 뭐.' 하는 마음으로 올라가기 시작했습니다. 그런데 1km, 2km쯤 올라가자 앞서가던 청년들이 이미 퍼져서 자전거를 끌고 가고 있었습니다. 저 역시 내려서 끌고 싶은 마음이 굴뚝 같았고, 온몸이 힘에 겨웠습니다.

그때 제 눈에 들어온 것이 바로 바닥에 새겨진 거리 표시, 마일스톤이었습니다. '4km, 3.5km, 3km…' 몸은 힘들었지만 '이제 2km만 남았다.'는 생각에 다시 힘을 냈습니다. '2.5km, 1km, 500m…' 마침내 끝까지 올라가게 되었습니다. 몇 번이고 포기하고 싶었고, 땀으로 핸들이 미끄러워 힘들었지만, 끝까지 올라갈 수 있었던 비결은 바로 마일스톤 덕분이었습니다.

사람은 목표가 있어야 합니다. 목표가 없으면 인생을 낭비합니다. 목표가 없으면 흐느적거리게 됩니다. 목표가 없으면 하나님이 주신 소중한 하루를 아무 힘 없이 흘려보내고, 엉뚱한 데에 써버리고 맙니다. 복된 인생은 자기 성장에 있습니다. 성장의 꿈을 꾸어야 합니다. 오늘의 나에 머무는 것이 아니라, 더 나은 나를 향해 나아가야 합니다. 하나님은 우리가 그렇게 되기를 원하십니다. 그렇다면 우리는 어디까지 자라가야 할까요? 오늘 본문 15절이 그 답을 말해줍니다.

> "오직 사랑 안에서 참된 것을 하여 범사에 그에게까지 자랄지라 그는 머리니 곧 그리스도라"

우리의 목표는 예수 그리스도의 수준까지 자라가는 것입니다. 우리의 영원한 마일스톤은 예수 그리스도이십니다. 그분을 바라보고 나아가는 한 우리는 멈추지 않고 계속 성장합니다. 그 과정에서 우리 인생의 그릇은 넓어지고, 삶은 깊어지며, 모든 것이 벅찬 감동으로 다가오는 하나님의 은혜가 됩니다.

사랑하는 성도 여러분, 복된 인생은 자기 성장이 답입니다. 예수 그리스도를 바라보며 오늘도 꿈을 꾸고, 그 목표를 향해 한 걸음씩 계속 걸어가시기를 바랍니다. 여러분의 걸음마다 하나님의 은혜와 축복이 함께하시기를 예수의 이름으로 축복합니다.

6장

정원을 돌보듯
자신을 가꾸라

¹⁶ 그러므로 우리가 낙심하지 아니하노니 우리의 겉사람은 낡아지나 우리의 속사람은 날로 새로워지도다 ¹⁷ 우리가 잠시 받는 환난의 경한 것이 지극히 크고 영원한 영광의 중한 것을 우리에게 이루게 함이니 ¹⁸ 우리가 주목하는 것은 보이는 것이 아니요 보이지 않는 것이니 보이는 것은 잠깐이요 보이지 않는 것은 영원함이라

(고후 4:16-18)

우리 인생에 있어 겉사람과 속사람은 정말 중요합니다. 겉사람은 외모를, 속사람은 내면을 말합니다. 속사람과 겉사람, 모두 다 나입니다. 나는 분명 한 사람이지만 성경은 두 사람에 대해 말합니다. 겉사람과 속사람, 모두를 잘 가꿀 때 멋진 인생을 살 수 있다고 말합니다.

알프레드 아들러(Alfred Adler)는 『항상 나를 가로막는 나에게』라는 책을 썼습니다. 이 책에는 언제나 부족하다고 느끼는 사람들을 위한, 언제나 같은 곳에서 넘어지고 타인의 인정과 사랑을 갈구하는 평범한 사람들을 위한 통찰이 담겨져 있습니다. 아들러는 자기 인생이 잘 풀리지 않는다고 투덜대는 사람에게 그들을 가로막는 것이 무엇인지 알려줍니다. 왜 인생이 잘 풀리지 않을까요? 왜 인생이 힘들까요? 그 원인을 외부와 다른 사람들에게서 찾는 이들이 있습니다. 아들러는 그 원인을 외부가 아닌 자신에게 찾으라고 합니다. 당신이 어떤 말을 하고 사는지, 그리고 어떤 행동을 하는지 추적해 보면 힘든 원인을 알게 된다는 것입니다. 아들러는 "너를 가로막는 것은 세상 누구 때문이 아니야. 시대적인 상황 때문도 아니야. 너 자신 때문이야."라고 말합니다. 삶이 이래서 힘들고 저래서 힘들다고 말하지만 사실은 그 원인이 자신에게 있는 것입니다. '나'를 가로막는 것들을 잘라내면 인생을 아름다운 정원으로 만들 수 있습니다. 나 자신을 정원처럼 잘 가꾸면 정말 멋진 인생이 되지 않겠습니까?

생명이 머물고 싶은 자리

많은 사람이 정원이 있는 집을 꿈꿉니다. 많은 이들의 로망이지요. 햇살 속에 새가 날아와 노래하고, 벌과 나비가 찾아든다면 그 정원이 얼마나 아름답겠습니까? 그러나 새와 나비를 억지로 정원에 잡아둘 수는 없습니다. 그러나 새들이 좋아하는 나무를 심어두면 스스로 날아오고, 벌과 나비가 사랑하는 꽃을 가꾸면 저절로 찾아듭니다. 정원은 억지가 아니라 생명이 머물고 싶은 자리여야 합니다. 우리 인생도 그렇습니다. 마음을 정원처럼 가꾸면 사람들은 자연스레 곁에 머무릅니다. 그런 삶이야말로 진정한 축복의 정원입니다.

'나'라는 사람을 정원처럼 예쁘게 향기 나게 가꾸면 이런저런 좋은 것들이 생깁니다. '내 인생은 왜 이렇게 안 풀려?'가 아닙니다. 내 인생의 정원에 향기 나는 꽃이 없고, 탐스런 과일이 없으니 황폐한 것입니다. 한 번 주어진 인생이니 잘 가꾸어 꽃들이 피어나고, 과일들이 주렁주렁 열리며, 새와 벌과 나비가 날아오는 정원의 인생을 만들기를 예수 이름으로 축복합니다.

조정민 목사님은 『사람이 선물이다』에서 자신의 삶을 솔직하게 풀어놓습니다. 20대, 젊은 혈기가 뜨거웠던 대학 시절에는 세상을 바꿔보겠다고 거리에서 돌을 던지며 데모에 나섰습니다. 30대에는 가정을 꾸리고 아내를 바꾸겠다며 날을 세웠습니다. 40대에는 자녀들을 바꿔보겠다고 회초리를 들었습니다. 그러나 50대가 되고 나서야 비로소 깨달았다고 합니다. '정작 바뀌어야 할 사람은 바로 나 자신이구나.' 그때부터 그는 모든 것을 내려놓고 새로운 눈으로 인생을 바라보기 시작했습니다.

프랑스 문학의 거장인 오노레 드 발자크(Honore de Balzac)는 이런 말을 합니다. "아무것도 변하지 않을지라도 내가 변하면 모든 것이 변한다." 살아보면 그렇습니다. 세상이 내 입맛대로 되지 않습니다. 함께 사는 배우자가 바뀌던가요? 자식, 주변 사람들, 내 뜻대로 되지 않습니다. 돌을 들어도 세상은 바뀌지 않고, 눈꼬리를 치켜떠도 아내는 변하지 않고 회초리를 들어도 자식은 내 뜻대로 되지 않습니다. 정말 변해야 할 사람은 나 자신입니다. 내가 바뀌면 됩니다. 그렇다면 어떻게 바꿀 수 있을까요? 사람이 바뀌기가 쉽지 않은데 말입니다. 그런데 성경은 사람은 변할 수 있다고 말입니다. 고린도후서 5장 17절에 확실하게 말합니다.

"그런즉 누구든지 그리스도 안에 있으면 새로운 피조물이라 이전 것은 지나갔으니 보라 새 것이 되었도다"

'누구든지' 이 한 단어에서 큰 위로가 얻습니다. '누구든지'라는 구절은 사회의 지위, 남녀노소, 빈부귀천에 상관없다는 것입니다. 누구든지 예수 그리스도 안에 있으면 새로운 피조물이 됩니다. 새로운 사람이 됩니다. 이전 것은 지나가고, '보라 새것이 되었도다'라고 선언합니다.

하나님은 우리에게 새로운 신분을 주셨습니다. 하나님의 아들딸이라는 신분을 주셨습니다. 하나님이 "너는 사랑스러운 나의 아들이야. 나의 딸이야. 이전 것은 기억하지 않아. 너는 새로운 신분을 가졌어."라며 우리를 새로운 피조물로 보신다는 것입니다. 인간은 예수를 믿을 때 완전히 변합니다. 새로운 피조물이 되는 것입니다.

'아, 내가 예수 믿은 지 오래됐는데도 똑같아. 생각도, 얼굴도 똑같고 몸매도 똑같아. 예수 믿으면 달라질 줄 알았는데 똑같아.

이것이 무슨 새로운 피조물이야?'라고 생각할 수 있습니다. 성경이 말하는 새로운 피조물은 신분을 말합니다. 지옥의 자식이 하나님의 자식이 된 것입니다. 멸망의 자녀가 영원한 생명을 얻은 자녀가 된 것입니다. 예수님은 요한복음 5장 24절에 말씀하셨습니다.

> "내가 진실로 진실로 너희에게 이르노니 내 말을 듣고 또 나 보내신 이를 믿는 자는 영생을 얻었고 심판에 이르지 아니하나니 사망에서 생명으로 옮겼느니라"

복음서를 읽을 때, '진실로'라는 단어가 나올 때가 있습니다. '진실로'가 나올 때, 그 뒤에는 굉장히 중요한 말이 나옵니다. 오늘 본문에 '진실로'가 두 번 나왔습니다. '진실로 진실로 너희에게 이르노니 내 말을 듣고 또 나 보내신 이를 믿는 자는 영생을 얻었고' 라고 말씀합니다. '얻을 것이다'가 아니고, '이미 얻었다'입니다. 예수 믿는 그 순간에 이미 영생을 얻은 것입니다. '심판에 이르지 아니하나니 사망에서 생명으로 옮겼느니라' 여기에서도 '옮길 것이다'가 아니라 이미 옮겼습니다. 이미 하나님의 자녀로 신분이 바뀐 것입니다.

우리에게 아직도 옛 모습이 있고 우리가 어린아이 같은 수준에 머물러 있다 하더라도, 주님으로 인해 새로운 피조물인 줄 믿으시길 바랍니다. 이 신분을 잊어버리면 안 됩니다.

마귀는 우리를 정죄합니다. "예수 믿는다고 하면서 왜 그 모양이야?"라고 힐난합니다. 그럴 때 주눅 들지 말고 "그래 왜? 그래서 뭐?" 이렇게 반응해야 합니다. 하나님이 우리에게 새로운 신분을 주시고 하나님의 자녀라고 했으니 누가 우리를 정죄할 수 있겠습니까? 그렇다면 구원받은 것으로 끝난 것일까요? 아닙니다. 하나님의 자녀답게 자라야 합니다. 에베소서 4장 15절에서 자라는 것을 말하고 있습니다.

> "오직 사랑 안에서 참된 것을 하여 범사에 그에게까지 자랄지라 그는 머리니 곧 그리스도라"

예전에 우리는 세상을 따라 살았습니다. 그러나 이제는 달라야 합니다. 즉, 사랑 안에서 예수님에게까지 자라가야 합니다. 지금 우리 수준은 미약할 수 있습니다. 그래서 "예수 믿는 사람이 왜 그 모양이야?"라는 말을 들을 수도 있습니다. 하지만 성경은 분명히 말합니다. 예수님처럼 될 수 있다고. 예수 그리스도의 수

준까지 자라가는 것, 이것이 하나님께서 우리에게 주신 꿈입니다. "나는 아직 부족하지만, 앞으로 예수님처럼 될 것이다. 작은 예수로, 성숙한 사람으로 이 땅을 살아갈 것이다." 하나님은 우리가 그렇게까지 자라기를 원하십니다. 그렇다면 우리가 성장했다는 것을 어떻게 알 수 있을까요?

사람의 마음을 얻는 사람

생텍쥐페리의 『어린 왕자』는 누구나 잘 아는 작품입니다. 어린 왕자가 지구에 와서 사막에서 여우를 만났을 때 이런 대화가 오갔습니다. 어린 왕자가 물었습니다.

"세상에서 가장 어려운 일이 뭔지 아니?"

여우가 대답했습니다.

"글쎄… '돈 버는 일'일까? 아니면 '먹고 사는 일'일까?"

그러자 어린 왕자가 말했습니다.

"세상에서 가장 어려운 일은 사람이 사람의 마음을 얻는 일이야."

정말 그런 것 같지 않습니까? 지금 말씀을 듣는 중에서도 생각이 얼마나 많습니까? 바람 같은 마음을 머물게 하는 것은 정말 어려운 일입니다. 사람의 마음을 얻는 일은 정말 어렵습니다.

돈으로 사람을 고용해 일을 맡길 수는 있습니다. 그러나 그 마음까지 내 편으로 만들기는 쉽지 않습니다. 그런데 사람의 마음을 얻은 사람이 있습니다. 다윗입니다. 다윗은 사울을 피해 도망 다녔습니다. 붙잡히면 죽습니다. 미래가 없습니다. 다윗이 아둘람 굴에 숨어 있을 때 사람들이 그에게 몰려왔습니다. 사무엘상 22장 2절입니다.

"환난 당한 모든 자와 빚진 모든 자와 마음이 원통한 자가 다 그에게로 모였고 그는 그들의 우두머리가 되었는데 그와 함께 한 자가 사백 명 가량이었더라"

환난 당한 모든 자와 빚진 모든 자와 마음이 원통한 자가 다 다윗에게 왔습니다. 다윗은 그들의 우두머리가 되었고 그와 함께한 자가 400명가량 되었다고 합니다. 도망자 다윗이 해줄 수 있는 것이 없는데도 사람들은 그에게 몰려왔습니다. 향기 나는 정원에 새와 벌이 날아오듯이 말입니다. 왜 그랬을까요? 다윗은 자신을 가꾼 사람, 향기를 가진 사람이었기 때문입니다.

구정웅 씨가 쓴 『선택력(AI 시대의 현명한 선택을 이끄는 3가지 힘)』

이라는 책은 우리 시대에 성공한 사람들을 소개합니다. 전 세계적으로 성공한 사람이 많지만, 대표적인 사람이 워런 버핏(Warren Edward Buffett)과 빌 게이츠(Bill Gates)입니다. 두 사람은 엄청난 부와 성공을 이뤘습니다. 이들은 다음과 같은 맥락의 말을 합니다.

"정말 성공한 사람은 재산이나 권력이 아니라, 사랑과 존중을 받으며 살아가는 사람이다. 나이가 들고 힘이 약해져도 곁에 진심으로 아껴주는 이들이 남아 있다면, 그 삶이야말로 진정한 성공이다."

다윗 곁에는 그를 진심으로 아끼고 사랑하는 이들이 자연스레 모여들었습니다. 이것이야말로 향기 나는 인생, 참된 성공입니다. 여러분도 한번 생각해 보십시오. 내가 힘들 때 진심으로 눈물로 기도해 줄 사람이, 가족을 제외하고 얼마나 있을까요? 그 수가 곧 내가 얼마나 성장했는지, 내 인생이 얼마나 아름답게 가꾸어져 가는지 보여주는 잣대일 것입니다. 정원을 가꾸듯 자신을 돌보십시오. 여러분의 삶이 따뜻한 사람들, 마음을 다해 곁을 지켜주는 이들로 가득한 멋진 정원이 되기를 축복합니다. 그러면 우리는 무엇을 가꾸어야 할까요? 본문 16절로 돌아옵니다.

> "그러므로 우리가 낙심하지 아니하노니 우리의 겉사람
> 은 낡아지나 우리의 속사람은 날로 새로워지도다"

"겉사람과 속사람 중 어느 쪽을 가꾸어야 할까요?"라고 묻는다면 아마도 많은 분이 속사람을 가꾸라고 대답할 것입니다. 그러나 겉사람도 나고, 속사람도 나입니다. 그러므로 우리는 둘 다 가꾸어야 합니다. 성경은 이렇게 말합니다. 우리의 겉사람은 날마다 낡아집니다. 그렇기에 더 잘 돌보고 관리해야 합니다. 동시에 우리의 속사람은 날로 새로워집니다. 그렇기에 더욱 열심히 가꾸어야 합니다.

우리는 흔히 흑백논리에 갇힐 때가 있습니다. "이것이냐, 저것이냐?" 택일해야만 한다고 생각합니다. 그러나 성경은 그렇게 말씀하지 않습니다. 예수님도 이렇게 말씀하셨습니다.

"사람이 떡으로만 살 것이 아니요, 하나님의 입으로 나오는 모든 말씀으로 살 것이라."(마태복음 4:4) 이 말씀은 떡을 먹지 말라는 뜻이 아닙니다. 말씀만 의지하고 육의 양식은 무시하라는 뜻이 아닙니다. 말씀도 먹어야 하고, 떡도 먹어야 한다는 것입니다. 겉사람도 돌보고, 속사람도 세워가야 한다는 뜻입니다. 사무엘상 16장 7절입니다.

> "여호와께서 사무엘에게 이르시되 그의 용모와 키를 보지 말라 내가 이미 그를 버렸노라 내가 보는 것은 사람과 같지 아니하니 사람은 외모를 보거니와 나 여호와는 중심을 보느니라 하시더라"

사람은 외모, 곧 껍데기만 봅니다. 속마음을 알 수 없으니 겉모습만 보는 것입니다. 그러나 하나님은 다릅니다. "나 여호와는 중심을 보느니라." 하나님은 우리의 중심을 보십니다. 그러므로 우리는 이 두 가지를 다 가꾸어야 합니다. 사람들과 더불어 살아가려면 외모도 가꿔야 하고, 하나님 앞에서는 중심도 가꿔야 합니다. 겉사람과 속사람, 둘 다 나 자신이기에 마치 정원을 돌보듯 균형 있게 가꾸어야 합니다. 그렇다면 어떻게 가꾸어야 할까요? 우리는 흔히 사랑스러운 사람을 영어로 러블리(lovely) 하다고 표현합니다. 바로 그렇게, 사랑스러운 사람으로 자신을 가꾸어야 합니다. 성경은 디모데전서 2장 8절에서 이렇게 말씀합니다.

> "그러므로 각처에서 남자들이 분노와 다툼이 없이 거룩한 손을 들어 기도하기를 원하노라"

즉, 남자들에게는 분노와 다툼 대신 거룩한 손을 들어 기도하는 모습으로 자신을 가꾸라고 하십니다. 남자들의 자랑은 힘입니다. 남자의 매력은 힘입니다. 근육 자랑하고, 가진 것을 자랑합니다. 그런데 성경은 남자들은 분노와 다툼이 없이하라고 합니다. 힘을 자랑하지 말라고 하십니다. 남자라면 힘은 감추고 거룩한 손을 들어서 기도하라고 합니다. 힘을 자랑하지 않고 하나님께 도움을 구하는 기도의 남자가 되십시오. 여자들의 아름다움은 디모데전서 2장 9절에서 말씀하십니다.

> "또 이와 같이 여자들도 단정하게 옷을 입으며 소박함과 정절로써 자기를 단장하고 땋은 머리와 금이나 진주나 값진 옷으로 하지 말고"

단정하게 옷을 입는다는 것은 명품 옷을 입으라는 것이 아닙니다. 시장에서 파는 옷을 입더라도 단정하게 입고 소박함과 정절로써 자기를 단장하라고 합니다. 땋은 머리, 금, 진주, 값진 명품을 착용한다고 아름다워지지 않습니다. 성경은 '소박함과 정절로써' 단장하라고 합니다. 달처럼 은은한 매력적인 여자가 되라는 것입니다. 햇볕이 강하면 눈이 부셔서 눈을 뜨기 힘든 것처럼 치명적인 매력이 있는 여자는 불편합니다. 하지만 달 같이 은은한 사람은 바라볼수록 편안합니다. 우리 교회 남자 성도들은 기도하는 남자가 되고, 여자 성도들은 은은한 달 같은 여자가 되기를 축복합니다.

당신의 자아상이 궁금합니다

양평에서 그을림 공방을 운영하는 우리 교회 집사님이 계십니다. 무형문화재에 등록될 만큼 유명한 분입니다. 이분이 어느 날 제 사진을 보고 저의 얼굴을 목판에 그려왔습니다. 제가 봐도 잘 그리셨습니다. 내 얼굴을 그린 것을 초상화라고 합니다. 그것은 내 껍데기를 그린 것입니다. 그런데 마음에 그리는 그림이 있습니다. 자아상입니다. 사람은 마음에 그려놓은 자아상대로 삽니다. 여러분의 마음속에 그려놓은 자아상은 어떻습니까? 그 그림대로 되어 갈 것입니다. 다윗은 아름답고 건강한 자아상을 가졌습니다. 시편 139장 14절입니다.

> "내가 주께 감사하오옴은 나를 지으심이 심히 기묘하심이라 주께서 하시는 일이 기이함을 내 영혼이 잘 아나이다"

다윗은 주께서 하시는 일의 기이함에 감사하다고 고백합니다. 자신을 지으심이 심히 좋다고 고백합니다. 성경은 그의 외모에 대해 "눈이 빼어나더라"라는 짧은 언급 외에는 자세히 기록하지 않았지만, 다윗은 겉모습이 아니라 자신을 기묘하고 심히 놀랍게 지으신 하나님의 창조에 감격하며 찬양합니다. "내가 주께 감사합니다. 어떻게 나를 기묘하게 지으셨습니까?" 이 말은 '신묘막측하다'는 뜻입니다. 그 어느 것과도 비교할 수 없을 정도로 원더풀(wonderful) 하다는 것입니다. 다윗의 자아상은 이처럼 건강하고 빛이 납니다. 다윗은 하나님이 신묘막측하게 자신을 지으셨다고 감사합니다.

여러분은 자기 자신을 어떻게 생각하십니까? 우리는 우리가 그린 자아상대로 인생을 살게 됩니다. '신묘막측하다'는 것은 '잘생겼다'는 뜻이 아닙니다. '모래보다 더 많은 사람 중에 나는 오직 한 사람이야.' 이것이 신묘막측입니다. 하나님은 여러분을 기묘하게 지으셨습니다. 우리는 원더풀한 존재입니다. 자신에 대한 건강한 자아상, 즉 속 사람이 건강해야 삶에 빛이 납니다. 하나님 지으셨음을 인정하고 자신을 축복하고, 감사하는 건강한 자아상을 갖기를 예수 이름으로 축복합니다.

밝은 미소, 행복한 미소를 떠올려보십시오. 미소는 꽃과 같습니다. 꽃이 있어야 정원이 아름다운 것처럼 환한 미소로 인생을 아름답게 만들기를 바랍니다. 그리고 속사람에 대해서 "하나님 감사합니다. 나는 무엇이든지 할 수 있습니다. 주님이 내게 능력 주시면 나는 모든 것을 할 수 있습니다." 이렇게 확신을 가진 믿음의 고백을 하십시오. 그러면 조금씩 조금씩 성장해서 아름다운 정원이 되어 갑니다. 본문 18절을 보십시오.

"우리가 주목하는 것은 보이는 것이 아니요 보이지 않는 것이니 보이는 것은 잠깐이요 보이지 않는 것은 영원함이라"

성경은 보이는 것은 잠깐이고, 보이지 않는 것은 영원하다고 대비합니다. 보이는 것은 이 세상을 말합니다. 우리가 만나는 상황들은 잠깐입니다. 이 세상의 것은 잠깐입니다. 다 지나갑니다. 그러나 영원한 것이 있습니다. 먼저 하나님입니다. 우리는 주와 함께 이 땅에 살다가 영원히 주의 나라에 들어갑니다. 이 세상의 모든 것은 잠깐이지만 하나님은 영원하십니다. 또 영원한 것은 나 자신입니다. 그러니 잠깐 지나가는 것 때문에 속상하지 말고, 영원한 자신을 정원처럼 잘 가꾸어 가십시오. 그것이 우리의 사명이고 복 있는 사람의 길입니다. 세월이 가면 많은 것이 변합니다. 세월이 흐르면서 우리는 늙어갑니다. 피부는 늘어지고 주름은 깊어집니다. 그러니 더욱 가꿔야 합니다. 미국 격언에 "늙어서 성장하는 것은 손톱과 탐욕뿐이다."라는 말이 있습니다. 맞는 말입니다. 나이가 들어도 계속 손톱은 자라고, 탐욕, 즉 욕심이 자꾸 늘어납니다. 가만히 두어서 손톱이 자라고 욕심이 느는 것은 변화가 아닙니다. 그렇기에 우리는 정원을 가꾸듯이 속사람도 가꾸는 것입니다. 성장하기 위해 목표를 세우십시오. 마일스톤을 세우십시오. 오늘 본문 16절을 보겠습니다.

"그러므로 우리가 낙심하지 아니하노니 우리의 겉사람은 낡아지나 우리의 속사람은 날로 새로워지도다"

여기서 '날로 새로워지도다'라는 말은 진행형입니다. 우리의 몸은 낡아가지만, 속사람은 날마다 새로워질 수 있습니다. 그리고 결국 예수 그리스도의 분량에까지 자라서 마침내 작은 예수가 되는 날이 올 것입니다. 그러므로 우리는 성장을 위한 계획을 세워야 합니다. 인생의 마일스톤을 세우는 것입니다. 계획을 세우고 목표를 정하고, 그 목표를 향해 걸어가야 합니다.

하나님의 말씀은 단순한 지식이나 정보가 아닙니다. 하나님의 말씀은 영혼의 양식입니다. 양식은 날마다 먹어야 합니다. 한국인들은 어릴 적부터 밥을 먹고 자랐습니다. 어린 시절에도 밥을 먹었고, 지금도 밥을 먹습니다. 50년, 60년을 먹어도 여전히 밥을 먹습니다. "왜 또 밥이야?"라고 말하지 않습니다. 양식이기 때문입니다. 이처럼 하나님의 말씀은 우리의 영혼을 살리고 자라게 하는 양식입니다. 그러므로 저는 여러분이 자라기를 축복합니다. 성장을 사모하십시오. 목표를 세우십시오. 마일스톤을 세우십시오.

추운 겨울, 호수의 얼음을 깨고 들어간다고 상상해 보십시오. '한번 버텨보자.' 해도 몇 초 안에 뛰쳐나올 것입니다. 그러나 '나는 15초를 버티겠다.'라고 목표를 세우면 달라집니다. 목표가 있으면 에너지가 생기고, 집중해서 결국 목표를 이룰 수 있게 됩니다. 마찬가지로 우리의 삶 곳곳에 목표와 마일스톤을 세워야 합니다. 그것이 성장을 이끌고, 복된 인생으로 우리를 이끌어 갑니다.

하루의 목표도 세워볼 수 있습니다.

"오늘 하루는 불평하지 말아야지. 오늘 이 한 날은 감사하며, 찬송하며 살아야지."

이렇게 목표를 세우면 실제로 그렇게 살게 됩니다. 그리고 다음 날도 다시 같은 목표를 세우는 것입니다. 그렇게 날마다 조금씩 자라가는 것입니다. 매일의 마일스톤을 세우고, 그 방향을 향해 나아가면 반드시 성장하게 됩니다. 성장에는 비밀이 없습니다. 작은 결단과 실천이 모여 큰 변화를 만드는 것입니다. 갈라디아서 2장 20절은 성장의 핵심에 대해 말합니다.

"내가 그리스도와 함께 십자가에 못 박혔나니 그런즉 이제는 내가 사는 것이 아니요 오직 내 안에 그리스도께서 사시는 것이라 이제 내가 육체 가운데 사는 것은 나를 사랑하사 나를 위하여 자기 자신을 버리신 하나님의 아들을 믿는 믿음 안에서 사는 것이라"

우리는 그리스도와 함께 십자가에 못 박혔습니다. 옛사람은 죽었습니다. 그런데 아직도 욕망이 살아 있지 않습니까? 그래서 날마다 그리스도와 함께 죽는 연습을 하는 것입니다. 욕망을 십자가에 못 박는 것입니다. 내 안에서 여전히 살아 있는 혈기를 날마다 못 박는 것입니다. 그렇게 '나는 죽고 주님이 사는' 훈련을 날마다 하는 것입니다. 그 훈련을 할 때, 사람들이 나에게 몰려올 것입니다. 겸손하고 또 낮아지는 사람 곁에는 사람들이 몰려옵니다.

　사랑하는 성도 여러분, 여러분의 삶이 그와 같은 아름다운 정원이 되기를 바랍니다. 날마다 자기를 죽이고 주님을 드러내어, 많은 사람이 그 향기로운 삶에 끌려오게 되기를 예수의 이름으로 축복합니다.

7장

성공, 나는
나를 넘어섰다

27 이 때에 제자들이 돌아와서 예수께서 여자와 말씀하시는 것을 이상히 여겼으나 무엇을 구하시나이까 어찌하여 그와 말씀하시나이까 묻는 자가 없더라 28 여자가 물동이를 버려 두고 동네로 들어가서 사람들에게 이르되 29 내가 행한 모든 일을 내게 말한 사람을 와서 보라 이는 그리스도가 아니냐 하니 30 그들이 동네에서 나와 예수께로 오더라 31 그 사이에 제자들이 청하여 이르되 랍비여 잡수소서 32 이르시되 내게는 너희가 알지 못하는 먹을 양식이 있느니라 33 제자들이 서로 말하되 누가 잡수실 것을 갖다 드렸는가 하니 34 예수께서 이르시되 나의 양식은 나를 보내신 이의 뜻을 행하며 그의 일을 온전히 이루는 이것이니라

(요 4:27-34)

성공이란 어제의 나를 넘어서서 오늘을 살아가는 것입니다. 또한 다른 사람이 아닌 나를 넘어서는 것입니다. 어제보다 나은 오늘, 어제의 나와 경쟁해서 앞서는 것이 성공입니다. 사람들은 "부자 되세요."하는 인사를 좋아합니다. 그런 인사를 많이 주고받았을 것입니다. 그런데 성경은 좋은 인사를 소개합니다. 예수님이 하신 인사입니다. 바로 "샬롬"입니다. 예수님은 두려워하는 제자들에게 "너희에게 평강이 있을지어다."라고 하셨습니다. 사람에게 최고의 행복은 '샬롬'의 상태입니다. 샬롬은 하나님께서 주시는 충만한 삶의 상태를 뜻합니다.

내 잔이 넘치나이다

『탈무드』에는 '풍족한 사람이란 많이 가진 사람이 아니라 자기가 가지고 있는 것에 만족할 줄 아는 사람이다.' 라는 구절이 나옵니다. 우리는 많은 것을 가진 사람이 풍족하다고 생각하지만, 사실 그렇지 않습니다. 많이 가져도 만족하지 못하는 게 사람입니다. 불만족한 사람은 많이 가져도 풍족하지 못합니다. 하지만 적게 가져도 가진 것에 만족한다면 풍족한 사람입니다. 성경은 그것을 이야기하고 있습니다. 다윗은 주어진 자기의 삶에 만족한 사람이었습니다. 시편 23장 5절을 보면 그는 정말 만족하는 사람이었습니다. 그의 고백을 같이 읽어보겠습니다.

"주께서 내 원수의 목전에서 내게 상을 차려주시고 기름을 내 머리에 부으셨으니 내 잔이 넘치나이다."

다윗은 "내 잔이 넘친다."고 고백합니다. 시골 베들레헴 양치기인 다윗은 하나님이 부으시는 은혜가 너무나 커서 "내 잔이 넘칩니다."라며 행복한 심정을 고백합니다. 그런데 다윗의 실제 상황은 어땠을까요? 그는 원수의 목전에 있습니다. 자기를 죽이려는 원수 앞에서도 만족하고 있습니다. 상황이 힘들고 어렵지만, 주님이 부어주시는 은혜를 생각하며 만족해 합니다. 이 만족, 이 넘치는 은혜가 여러분에게도 있기를 축복합니다. 더 없는 만족, "내 잔이 넘치나이다."라는 다윗의 고백이 여러분의 것이 되기를 바랍니다.

우리 인생은 길섶에 풀처럼 바람결에 마르고, 사람들의 발에 밟히다가 사라지지만 하나님이 이끄시는 은혜를 생각하면 다윗과 같은 고백이 저절로 나올 수밖에 없습니다. 최고의 성공은 나를 넘어서는 겁니다. 우리는 이미 잔이 넘치는 은혜를 받았습니다. 그리고 그 은혜에 합당하게 살아야 합니다. 그런데 그렇게 살지 못합니다. 파랑새 증후군 때문입니다.

여러분은 『파랑새』라는 동화를 알고 있을 것입니다. 벨기에의 극작가 모리스 마테를링크(Maurice Maeterlinck)가 쓴 이 동화는 행복의 파랑새를 찾아 여행을 떠난 아이들이 결국 자기 집 새장 속에 그 파랑새가 있었다는 사실을 깨닫는 이야기입니다. 즉, 행복은 멀리 있는 것이 아니라 우리 곁에 이미 존재한다는 메시지를 담고 있습니다. 심리학자들은 만족하지 못하는 증상을 '파랑새 증후군'이라고 이름 붙였습니다. 요즘 청년들은 취업난을 겪고 있습니다. 대학을 다니면서 취업 준비를 위해 도서관에서 살다시피 하고, 학원을 다니며 스펙을 쌓습니다. 그런데 그렇게 어렵게 취업했는데 얼마 지나지 않아 사표를 내고 나와버립니다. 마음에 들지 않아서입니다. 그리고는 또 새로운 직장을 찾습니다. 새로운 직장을 찾아도 얼마 가지 못합니다. 여전히 마음에 들지 않기 때문입니다. 왜 그럴까요? 어떤 직장을 만나도 만족하지 못하기 때문입니다.

우리나라 청년들이 첫 직장에서 얼마나 오래 다닐까요? 작년 5월 기준으로 보면 평균 1년 7개월, 정확히는 1년 7.3개월에 불과합니다. 2년도 채우지 못하고 다른 곳으로 옮겨갑니다. 이유는 대체로 만족하지 못하기 때문입니다. 주거도 마찬가지입니다.

어렵게 집을 마련해 평생 살 것처럼 들어갔지만, 몇 년 후에 이사를 갑니다. 작년 8월 기준으로 우리나라 사람들이 한 집에서 머무는 기간은 평균 6년이라고 합니다. 물론 여러 가지 사정이 있겠지만, 그 근본에는 역시 만족이 없기 때문입니다. "더 좋은 것이 없을까?"하는 끝없는 갈망 속에서 직장도, 집도 끊임없이 바꾸며 살아가는 것입니다.

물건이나 소유에서 만족을 얻을 수 없는 것이 분명합니다. 그런데 소유만의 문제가 아닙니다. 사람 관계에서도 나타납니다. 청년들은 연애하면서도 상대가 마음에 들지 않아 다른 사람을 만납니다. 결국 누구도 마음에 차지 않습니다. 결혼을 해도 시간이 지나면서 배우자가 마음에 들지 않습니다. 여러분은 지금 배우자에게 만족하십니까? 사실 우리 마음속에는 설명하기 어려운 파랑새 증후군이 있습니다. 그러니 스트레스로 가득 차며, 삶은 힘들고 인간관계도 어렵게 느껴집니다. 조금 관계를 맺다가도 쉽게 끊어버리는 이유도 결국은 상대방이 내 마음에 들지 않기 때문입니다.

우물가 여인의 자아상

사마리아 우물가 여인이 그런 사람이었습니다. 이 여인은 남편이 자주 바뀌었습니다. 오늘 본문 요한복음 4장 16절을 보면 예수님이 사마리아 여인에게 네 남편을 데려오라고 말씀하십니다. 그러자 17절에 여자가 대답합니다.

> "여자가 대답하여 이르되 나는 남편이 없나이다 예수께서 이르시되 네가 남편이 없다 하는 말이 옳도다"

예수님은 "네 남편이 없다는 말이 옳다. 네 남편이 다섯 명이 있었는데 지금 있는 남편도 네 남편이 아니야."라고 말씀하십니다. 이 여인은 행복의 기준을 남편에게 두었습니다. 좋은 남자를 만나면 행복할 것 같아 고르고 골라 한 남자를 만났습니다. 너무 행복했습니다. 하지만 조금 살아보니 마음에 들지 않았습니다. 그래서 남자와 결별합니다. 그리고 또 다른 남자를 찾아 만났습니다. 이 남자와 결혼을 하면 진짜 행복할 것 같아서 살았습니다. 그런데 그놈이 그놈입니다. 마음속에 '혹시'하고 생각이 든다면 틀림없습니다. 좋아 보여서 가까이 가보면 그게 그것입니다. 그렇게 세 번째 남자를 만났고 좋았습니다. 조금 지나니 또 마음에 들지 않습니다. 그렇게 네 번째가 되고 다섯 번째 남자와 함께 살고 있는데 이 남자도 남편이 아니라는 것입니다. 7절을 보면 이 여인이 동네에 물 길으러 왔습니다.

"사마리아 여자 한 사람이 물을 길으러 왔으매 예수께서 물을 좀 달라 하시니"

물을 길으러 오는 것은 문제가 되지 않습니다. 그런데 이 여자가 물을 길러 온 시간을 보면 이 여인에게 문제가 있다는 것을 알 수 있습니다. 성경에는 예수님이 우물가에 도착한 시간이 나옵니다. 유대 시간으로 6시입니다. 6시는 정오입니다. 햇빛이 가장 강렬하게 비치는 때입니다. 성경은 기이하게 때를 기록했습니다. 팔레스타인은 낮은 너무 뜨거워 활동하기가 어렵습니다. 그런데 이 여인은 사람이 활동하지 않는 시간에 물을 길러 왔습니다. 왜 그랬을까요? 사람을 피해서 온 것입니다. 자기 인생이 부끄러워 사람들의 눈을 피하는 것입니다. 그래서 사람들이 잘 다니지 않는 정오에 물을 길러 온 것입니다. 이 여인이 사람을 피하는 원인은 또 있습니다. 9절입니다.

"사마리아 여자가 이르되 당신은 유대인으로서 어찌하

여 사마리아 여자인 나에게 물을 달라 하나이까 하니 이는 유대인이 사마리아인과 상종하지 아니함이러라"

이 여인은 사마리아 여자입니다. "당신은 유대인으로서 어찌하여 사마리아 여자인 나에게 물을 달라 합니까?" 유대인은 사마리아인들과 상종하기를 꺼려합니다. 사마리아 여자는 유대인과 상종하고 싶어도 할 수가 없습니다. 그 이야기를 자기 입으로 말하고 있습니다. "당신은 유대인으로서 어찌하여 사마리아 여자인 나에게 물을 달라 합니까?" 스스로 비천함을 인정하고 있는 것입니다.

이 여인에게는 수치스럽고 부끄러워 감추고 싶은 게 있습니다. 하나는 남편이 다섯이라는 것입니다. 사람들이 수군수군할 수밖에 없는 삶을 살았던 여인입니다. 이 삶은 본인이 선택한 것입니다. 하지만 사마리아인이라는 것은 본인의 선택이 아닙니다. 이 여인은 수치심과 죄책감, 열등감 때문에 자기 자신을 가두고 살아갑니다. 이것이 이 여인의 자아상입니다. 남들에게 들키고 싶지 않아 꽁꽁 숨어 사는 쓸쓸한 여인입니다.

누구나 감추고 싶은 열등감, 수치스러움, 부끄러움이 있습니다. 꽁꽁 숨기고 있는 자신만의 결점, 아픔이 있습니다. 우리는 현재의 삶에 만족할 수가 없습니다. 푸른 인생을 살 수 있는데도 누리지 못합니다. 파랑새 증후군이 우리를 잡고 있기 때문입니다. 왜 이런 자아상이 생겼을까요?

아주대학교 이민규 교수는 『생각의 각도』에서 자신의 어린 시절을 이야기합니다. 자신이 왜 생선을 먹지 않게 되었는지 그 배경을 설명합니다. 우리나라가 가난한 시절이었으니 그분의 어린 날도 어려웠을 것입니다. 그 가난한 집에 손님이 왔습니다. 엄마는 귀한 손님을 대접하기 위해서 생선 한 마리를 구워서 밥상에 올렸습니다. 아이는 평소에 먹지 못했던 생선 냄새에 침이 넘어갑니다. 아이의 표정을 보고 손님이 먹는 것을 미안해하니 엄마가 이렇게 말합니다.

"괜찮아요. 저 애는 비린내 나는 생선을 싫어합니다."

엄마가 그렇게 말을 하니 아이는 갈등을 합니다. 그리고 그날 이후로 생선을 싫어하게 되었고, 먹지 않게 되었다고 합니다. 자기도 모르게 엄마가 해준 그 말이 낙인이 된 것입니다. 엄마의 말을 그대로 받아들여서 생선을 먹지 않는 사람이 된 것입니다. 우리 삶에 이런 낙인들이 많습니다. 누군가 우리에게 한마디 했는데 그것을 받아들인 것입니다. 그리고 점점 그런 사람이 되어 가는 것입니다.

이 사마리아 여자의 자아상도 그렇게 생긴 것입니다. 이 여인이 지나가면 사람들이 수군수군하면서 헤픈 여자라고 말했을 것입니다. 사람들이 자신을 비난한다고 생각할 수도 있습니다. 사마리아 여인은 낙인을 찍어 자신을 스스로 가둔 것입니다.

물동이를 버려두고

어린 시절 여름방학이 되면 저는 동네 꼬마들과 함께 뒷산에 있는 큰 연못으로 멱을 감으러 갔습니다. 부모님들이 들에 나가 일하시면 아이들은 소를 끌고 가서 나무에 매어두고, 소가 풀을 뜯어 먹게 했습니다. 그리고 우리는 연못에 뛰어들어 정신없이 놀았습니다. 추워서 입술이 퍼렇게 될 때까지 물놀이를 했습니다. 그러다 소가 잘 있는지 보러 가면, 소는 매어둔 끈이 허락하는 범위 안에서 빙빙 돌며 풀을 뜯어 먹고 있었습니다. 그런데 끈이 닿지 않는 곳은 풀이 무성했습니다. 매여 있으니 먹을 수 없는 것입니다. 가만히 생각해 보니 우리가 그렇게 살고 있습니다. 우리 스스로 매어 놓은 줄 안에서만 사는 것입니다. 그 줄을 끊으면 푸르고 신선한 풀을 많이 먹을 수 있는데도 말입니다. 오늘 13절, 14절에서 예수님이 여인에게 말씀하십니다.

"예수께서 대답하여 이르시되 이 물을 마시는 자마다 다시 목마르려니와 내가 주는 물을 마시는 자는 영원히 목마르지 아니하리니 내가 주는 물은 그 속에서 영생하도록 솟아나는 샘물이 되리라"

우물물은 마셔도 다시 목마르지만, 예수님이 주시는 물을 마시면 다시는 목마르지 않고 그 속에서 솟아나는 샘물이 된다고 하십니다. 우물은 육신의 물을, 예수님이 주시는 물은 영혼의 생수입니다. 예수님의 말씀을 듣고 여인은 "와, 그런 물이 있군요. 그 물을 내게도 주십시오."라고 합니다. 그런데 예수님이 이해할 수 없는 말씀을 하십니다. "가서 네 남편을 데려오라."라고 하십니다. 물을 달라고 하는데 왜 남편을 데려오라고 합니까? 이 여인에게 남편은 어떤 존재입니까? 남편은 여인의 과거, 감추고 싶은 아픔과 상처, 부끄러움, 수치스러움이었습니다. 예수님은 그 여인이 그 상처를 품고는 영혼의 자유를 얻을 수가 없고, 그 안에 갇혀 있으면 생수를 마실 수가 없다는 것을 알려주시기 위해 그렇게 말씀하신 것입니다.

이 여인의 이야기를 통해 마음속에 있는 텅 빈 파랑새 증후군을 드러내라는 것입니다. 감추고 싶은 아픔을 꽁꽁 묶어놓고 사는 여인에게 '네 남편을 데려오라'는 요구를 통해 끈에 묶여 있으면 선을 넘을 수 없다는 것을 말씀하신 것입니다. 이 여자가 '이분은 처음 나를 만나 나에 대해 전혀 알지 못할 텐데 어떻게 남편 다섯 명을 두었다는 것을 알고 있을까?'라며 깜짝 놀랐습니다. 그래서 "아, 당신은 선지자로군요."라고 고백합니다. 25절입니다.

> "여자가 이르되 메시야 곧 그리스도라 하는 이가 오실 줄을 내가 아노니 그가 오시면 모든 것을 우리에게 알려 주시리이다"

그리스도, 즉 메시아가 오면 모든 것을 우리에게 알려주신다는 것입니다. 그다음 절에서 예수님은 결정적인 말씀을 합니다. "네게 말하는 내가 그라 하시니라." 곧, "네가 기다리는 메시아가 바로 나다. 내가 그리스도다."라고 하신 것입니다. 마치 주님이 "사랑하는 딸아, 네가 그렇게 기다리던 메시아가 바로 나다."라고 말씀하시는 듯합니다. 그 순간 여인의 눈이 열리고, 어두웠던 마음에 불이 켜진 듯했을 것입니다. 그녀의 마음속에 생명의 빛이 비친 것입니다. 그런데 이것을 어떻게 확인할 수 있을까요? 이어지는 28절 말씀을 보십시오.

> "여자가 물동이를 버려 두고 동네로 들어가서 사람들
> 에게 이르되"

여자는 물동이를 버려두고 동네로 갔습니다. 사람을 피해서 사람이 없는 시간에 우물에 왔던 여인이, 사람들을 만나러 동네로 들어간 것입니다. 이 여인의 마음에 그리스도가 들어오니 수치심이 사라지고 용기가 생겼습니다. 이것은 이 여인이 자기를 넘어서고 있다는 것을 말해줍니다. 여인이 동네 사람들에게 가서 뭐라고 말하는지 하는지 보십시오. 29절입니다.

> "내가 행한 모든 일을 내게 말한 사람을 와서 보라 이는
> 그리스도가 아니냐 하니"

'내가 행한 모든 일'이라고 합니다. 예전에는 부끄러웠던 자기의 이야기, 수치스러운 과거를 모두 숨겼습니다. 그런데 이제는 그것을 드러내면서 "나는 그분을 만났어. 나 같은 인간을 그분이 얼마나 따뜻하게 대해주었는지 몰라. 그는 그리스도야."라고 사람들에게 예수님을 소개하는 것입니다. 사람이 속을 드러내지 않고 꽁꽁 숨겨둘 때는 숨이 막히고 답답합니다. 그러나 털어놓

으면 마음이 시원해집니다. 이 여인도 깊이 감추어 두었던 아픔을 주님 앞에 쏟아내니, 얼마나 후련했겠습니까? 그래서 곧장 동네 사람들에게 달려가 이야기한 것입니다. 그 용기는 어디서 비롯되었을까요? 바로 주님께서 주신 힘이었습니다.

시편 124장 7절에 같이 읽어보겠습니다.

> "우리의 영혼이 사냥꾼의 올무에서 벗어난 새 같이 되었나니 올무가 끊어지므로 우리가 벗어났도다"

지금 여인의 심정이 그렇습니다. 사냥꾼의 올무에 잡힌 새가 살아나려고 발버둥치다가 드디어 올무가 끊어져 벗어난 것과 같습니다. 예수의 죽으심으로, 십자가의 능력으로 우리를 묶고 있는 올무가 끊어졌습니다. 이 여자는 지금까지 부끄러움 속에 갇혀 살았습니다. 사냥꾼의 올무에 붙잡혀 있는 새와 같았습니다. 그런데 십자가에서 죽으신 예수님이 올무를 끊으셨습니다. 그러니 여인은 하늘을 나는 새가 된 기분이었을 것입니다. 하지만 이 여인의 상황은 그대로입니다. 여전히 사람들에게 손가락질받습니다. 하지만 그 여인의 심정은 한없이 자유했습니다. 파랑새 증후군에서 벗어난 것입니다. 흉악의 결박이 끊어진 것입니다. 이 여자의 이야기는 여기서 끝나지 않고 한 걸음 더 나갑니다. 39절을 봅시다.

"여자의 말이 내가 행한 모든 것을 그가 내게 말하였다 증언하므로 그 동네 중에 많은 사마리아인이 예수를 믿는지라"

흠 많은 여자, 한 많은 여자가 자신이 만난 예수를 증언하니 많은 사람이 예수를 믿게 된 것입니다. 예수를 만나서 많은 사람을 살리는 인생으로 바뀐 것입니다. 자기를 넘어선 것입니다. 사랑하는 여러분, 나 자신을 넘어서기를 축복합니다. 고린도후서 5장 17절은 우리의 신분을 확실하게 이야기합니다. 같이 읽어봅니다.

"그런즉 누구든지 그리스도 안에 있으면 새로운 피조물이라 이전 것은 지나갔으니 보라 새 것이 되었도다"

이 여인은 여전히 똑같은 사람입니다. 여전히 사람들에게 손가락질받습니다. 여전히 사마리아인입니다. 그러나 이전 것은 지나갔습니다. 그리스도 안에 있으니 새로운 피조물이 되었습니다. 사냥꾼의 올무에서 벗어난 해방의 심정으로, 슬픔에서 끊어져 새 같이 자유로운 마음으로 "보라 새것이 되었도다."라고 고백합니다. 이것이 예수 안에서 풍성한 삶을 사는 자들의 고백입니다. 자신을 넘어선 사람들의 삶의 모습입니다.

사마리아 여인의 이야기는 요한복음에서만 나옵니다. 이 말씀 이후에 사마리아 여인은 성경에 등장하지 않습니다. 하지만 우리는 이 여인의 삶을 상상할 수 있습니다. 이 여인은 자유함을 얻어 사람들에게 그리스도를 증언하면서 살지 않았을까요? 언젠가 우리가 천국에 가면, 이 사마리아 여자를 만날 것입니다.

사랑하는 여러분, 우리는 예수 안에서 새로운 피조물입니다. 그러므로 오늘 우리의 삶은 눈부십니다. "나는 그리스도 안에 새로운 피조물이라. 이전 것은 지나갔으니 보라 새것이 되었도다."라는 고백이 우리의 선언이 되어야 합니다. 오늘도 "내 인생은 눈부시다."라고 믿음으로 선포할 때, 우리는 자신을 넘어서는 승리의 삶을 살게 될 것입니다.

Part 2

내 인생 로드맵 실행하기

8장

진정한 예배자로
다시 태어나라

19 그러므로 형제들아 우리가 예수의 피를 힘입어 성소에 들어갈 담력을 얻었나니 20 그 길은 우리를 위하여 휘장 가운데로 열어놓으신 새로운 살길이요 휘장은 곧 그의 육체니라 21 또 하나님의 집 다스리는 큰 제사장이 계시매 22 우리가 마음에 뿌림을 받아 악한 양심으로부터 벗어나고 몸은 맑은 물로 씻음을 받았으니 참 마음과 온전한 믿음으로 하나님께 나아가자 23 또 약속하신 이는 미쁘시니 우리가 믿는 도리의 소망을 움직이지 말며 굳게 잡고 24 서로 돌아보아 사랑과 선행을 격려하며 25 모이기를 폐하는 어떤 사람들의 습관과 같이 하지 말고 오직 권하여 그날이 가까움을 볼수록 더욱 그리하자

(히 10:19-25)

예배를 드리지 못할 만큼 바쁘다면, 이미 삶의 방향이 어긋나 있는 것입니다. 예배를 가로막는 일들은 결코 복이 아닙니다. 그것은 유혹이며 시험거리일 뿐입니다. 사람이 거듭난다는 것은 새롭게 태어나는 것입니다. 많은 이들이 새로운 삶을 꿈꾸며 결심을 하고, 여행을 떠나거나 멋진 일을 도모합니다. 그러나 삶이 새로워지는 출발점은 예배에 있습니다. 예배자로 다시 태어날 때 우리는 진정한 변화를 경험하게 됩니다.

망가진 이정표 인식하기

사람들은 어려움이 생기면 하나님을 찾습니다. 새벽에 나와 기도하며 주님의 도우심을 구합니다. 하지만 문제가 해결되고 형편이 나아지면 서서히 예배를 소홀히 하기 시작합니다. 주일에 가끔 나오다가, 아예 발길을 끊기도 합니다. 이제 살 만해졌다고 여기기 때문입니다. 일이 잘되고, 생활이 편안해졌기 때문입니다. 그러나 바로 그 편안함이 신앙의 위기입니다.

계단을 오를 때는 힘이 듭니다. 그러나 그 위에 오를 만한 가치가 있기 때문에 힘들어도 올라갑니다. 반대로 내려가는 길은 편합니다. 삶이 편안하기만 하다는 것은 영적으로는 이미 내려가고 있다는 신호일 수 있습니다. 진정한 예배자로 다시 태어날 때, 우리는 비로소 삶을 새롭게 시작할 수 있습니다.

고든 코넬의 교수였던 윌리엄 B. 버클레이는 『만족의 비결』이라는 책에서 '우리가 어떻게 만족할까?'에 대해 썼습니다. 사람들은 자꾸 무언가를 바꾼다고 합니다. 직장을 바꾸고, 사는 집도 바꾸고, 자동차도 바꾸고, 심지어는 사는 도시도 바꿉니다. 왜 그렇게 바꿀까요? 무엇 때문에 바꿀까요? 자기만족을 위해서입니다. 만족이 없으니 바꾸고 또 바꿉니다. 그러나 바꾸어도 만족이 없습니다.

톰 라이트는 『망가진 이정표』라는 책에서 사람들의 마음속 이정표가 망가졌다고 합니다. 하나님은 하나님의 형상대로 사람을 만드셨습니다. 사람은 하나님을 사모하면서 만족하도록 지어졌습니다. 하나님을 사모하지 않는다면 이정표가 망가졌다는 것입니다. 그 이정표가 망가지니 하나님을 더 이상 사모하지 않고 만족이 없게 됩니다.

이 세상 어떤 것들로도 사람의 공허를 채울 수 없습니다. 부귀영화로도 채워지지 않습니다. 하나님을 사모하는 마음의 이정표, 마일스톤이 망가졌기 때문입니다. 이정표가 회복되기 전까지는 무엇을 해도 만족이 없습니다. 우리는 예수 안에서 새 생명을 얻은 사람들입니다. 예수님을 믿고 하나님의 자녀가 된 사람들입니다. 망가진 이정표가 회복된 사람들입니다. 그래서 하나님을 예배하게 되는 것입니다. 예배하러 올라왔다는 것은 망가진 이정표가 회복되었다는 증거입니다. 오늘 본문 23절에서 그 말씀을 하고 있습니다.

"또 약속하신 이는 미쁘시니 우리가 믿는 도리의 소망을 움직이지 말며 굳게 잡고"

'도리의 소망', 이 소망이라는 이정표가 예수 그리스도시고, 예배입니다. 이정표가 흔들리면 삶이 흔들리지 않겠습니까? 그러니 "소망을 움직이지 말고 굳게 잡아라."라고 하십니다. "소망을 움직이지 마라. 여기에 소망 뒀다가 저기에 소망 뒀다가 하지 말라. 이정표가 흔들리니까 네 삶이 흔들린다."라고 성경은 말씀하고 있습니다. 25절을 보겠습니다.

"모이기를 폐하는 어떤 사람들의 습관과 같이 하지 말고 오직 권하여 그 날이 가까움을 볼수록 더욱 그리하자"

이정표가 회복된 사람들은 하나님을 사모하며 모입니다. 그런데 모이기를 폐하는 사람들이 있습니다. "그렇게 열심히 할 필요 있냐? 뭘 그렇게 모이냐?"라고 말합니다. 성경은 모이기를 폐하는 사람처럼 하지 말고 그날이 가까움을 볼수록 더욱 모이라고 말씀하십니다. '그날'은 언제일까요?

성경이 말하는 '그날'은 개인의 종말과 전 우주적인 종말입니다. 개인의 종말은 우리가 죽는 날입니다. 그리고 "그날이 가까이 온다."고 말합니다. 사람은 누구나 자신이 죽는 날을 맞게 됩니다. 죽음을 누구도 부인할 수 없습니다. 우리의 이성과 논리로 잘 알고 있습니다. 그런데도 그날이 오지 않을 것처럼 삽니다. 맛있는 것 먹고, 놀고, 운동하고, 좋은 약 먹으면서 그날을 생각하지 않고 삽니다. 그러나 아무리 좋은 음식과 약을 먹고, 열심히 운동해도 언젠가는 죽습니다. 하나님이 정해놓았기 때문입니다. 그날은 피할 수 없습니다. 이것이 첫 번째 '그날'입니다.

두 번째 '그날'은 우주적인 종말입니다. 예수님이 다시 이 땅에 오시는 날입니다. 주님이 구름을 타고 재림하실 때 이 세상의 모든 것은 끝납니다. 베드로후서 3장 10절을 봅시다.

"그러나 주의 날이 도둑 같이 오리니 그 날에는 하늘이

> 큰 소리로 떠나가고 물질이 뜨거운 불에 풀어지고 땅과 그 중에 있는 모든 일이 드러나리로다"

예수님이 오실 날은 예고되지 않았습니다. 그날에는 하늘이 큰 소리로 떠나갑니다. 우리가 보고 있는 이 우주 전체가 사라집니다. 물질이 뜨거운 불에 풀어지고 땅과 그중에 있는 모든 비밀이 드러납니다. 낱낱이 공개됩니다. 사람들은 주님이 다시 오신다는 것을 자주 잊고 삽니다. 세상 재미에 도취해 그날을 잊고 삽니다. 그러나 그날은 도둑같이 임합니다. 그날이 되면 양과 염소로 나누어집니다. 믿는 자와 믿지 않는 자가 나누어집니다. 마태복음 24장에 40절에 그때 상황을 이렇게 설명합니다

> "그때에 두 사람이 밭에 있으매 한 사람은 데려가고 한 사람은 버려둠을 당할 것이요"

주님이 공중에 나타날 때, 밭을 갈던 두 사람 중 한 사람은 공중으로 올려져 영원한 나라를 갑니다. 하지만 한 사람은 그냥 버려두십니다. 누가복음 17장 34절에서도 그 밤에 둘이 한 자리에 누웠다고 합니다. 한 자리에 누운 것을 보니 가족입니다. 한 방에

서 같이 자다가 한 사람은 데려가고 한 사람은 버려집니다. 사랑하는 가족들, 혈육의 정을 나눈 사람과 함께 자고, 함께 밥을 먹었지만 그날이 오면 믿는 사람만 데려갑니다. 믿지 않은 그들은 버림을 당합니다. 주님은 그날이 가까이 온다고 말씀하십니다.

　주일을 통해서도 데려가고 버려둠을 당하는 것을 느낄 수 있습니다. 우리는 월요일부터 토요일까지 학교에서, 직장에서, 사회에서 활동합니다. 평일에는 믿지 않는 사람들과 함께 섞여 삽니다. 그런데 주일이 되면 분리됩니다. 우리는 교회로 옵니다. 이것은 굉장한 의미가 있습니다. 주일마다 나누어지고 마지막 날, 주님이 오신 날에는 영원히 나누어집니다. 호젓한 길에 두 사람이 걸어가고 있는데 예쁜 강아지가 한 마리가 그 둘을 따라갑니다. 두 사람 중에 누가 강아지 주인일까요? 그런데 갈림길을 만나 한 사람이 이쪽으로 가고 한 사람이 저쪽으로 갈 때 주인을 알 수 있습니다. 강아지가 따라가는 사람이 주인입니다. 우리는 평소에 세상에서 여러 사람과 섞여 삽니다. 그러다 주일만 되면 나누어집니다. 믿음의 사람들은 교회로, 믿지 않는 사람들은 세상에 남겨집니다. 남겨지고 주의 전에 올라오고, 또 남겨지고 올라오고 계속 그렇게 하다가 주님이 오시는 그날에는 영원히 나누어지는 것입니다.

그날이 가까움을 볼수록

그날이 가까움을 볼수록 우리는 무엇을 해야 할까요? 모이기에 힘써야 합니다. 모이는 연습을 계속하는 것입니다. 예수 믿는 사람들은 주의 날에 주의 전으로 올라오는 것이 얼마나 영광스럽고 큰 특권인지를 기억하면서 교회를 갑니다. 하나님의 자녀임을 고백하며 기쁨으로 전으로 올라오기 바랍니다. 마지막 날이 되면 우리는 완전히 나누어질 것입니다. 우리의 영원한 소망은 주님이 오시는 그날에 있습니다. 오늘 성경은 '그날이 가까움을 볼수록'이라고 합니다. 그날이 점점 다가올수록 열심히 모여서 주님을 고백하고, 믿음을 점검하며 살라고 하십니다.

건강을 잃으면 어떤 증상이 첫 번째로 나타납니까? 밥맛이 없고 배가 고프지 않습니다. 그러다 몸이 회복되면 비로소 입맛이 돌고 배가 고파집니다. 우리 믿음도 이와 같습니다. 하나님을 갈망하는 이정표가 회복되면 하나님을 바라보게 됩니다. 주님을 사모하게 됩니다. 주 앞에 나오게 됩니다.

예배가 살아나면 형통이 시작됩니다. 왜 그럴까요? 예배가 우리 삶의 중요한 이정표이기 때문입니다. 일주일의 이정표고, 인생의 이정표입니다. 그런데 예배가 사라지면, 삶은 뒤죽박죽될 수밖에 없습니다. 오늘 본문 22절에서 이렇게 말씀합니다.

> "우리가 마음에 뿌림을 받아 악한 양심으로부터 벗어나고 몸은 맑은 물로 씻음을 받았으니 참 마음과 온전한 믿음으로 하나님께 나아가자"

첫 번째로 우리가 마음에 뿌림을 받아 악한 양심으로부터 벗어난 마음을 이야기합니다. 두 번째로 맑은 물로 몸이 씻음 받았다고 합니다. 예수 그리스도로 말미암아 우리의 마음과 몸이 구속받아 속죄함을 받았습니다. 그러니 온전한 믿음으로 하나님께 나아가야 합니다. 구원받은 것으로 끝이 아니라 하나님께로 나아가는 것입니다. 예배하는 것입니다. 예배는 우리가 하나님과 만나는 시간입니다.

사랑하는 사람을 만나려면 세 가지가 전제되어야 합니다. 첫 번째는 약속입니다. 약속을 정해야 만날 수 있습니다. 두 번째는 장소입니다. "언제 한번 봅시다."라고 했다면 장소를 정해야 합니다. 마지막으로 시간입니다. 약속, 장소, 시간이 전제되어야 만남이 이루어집니다. 이 중 어느 하나라도 빠지면 만날 수 없습니다.

하나님과의 만남도 그렇습니다. 교회는 하나님과 사람이 만나는 약속 장소입니다. 열왕기상 8장 29절에 이렇게 말씀합니다.

> "주께서 전에 말씀하시기를 내 이름이 거기 있으리라 하신 곳 이 성전을 향하여 주의 눈이 주야로 보시오며 주의 종이 이 곳을 향하여 비는 기도를 들으시옵소서"

주님은 "내 이름이 그곳에 있으리라" 하신 성전을 밤낮으로 살펴보십니다. 그래서 솔로몬은 이렇게 기도합니다. "주의 이름이 있는 이 성전을 바라보시고, 주의 종이 이곳을 향하여 드리는 기도를 들어 주소서." 즉, 성전은 하나님의 이름이 머무는 곳이고, 하나님께서 늘 주목하시는 곳입니다. 그렇기에 이 성전을 향해 드리는 기도를 주님께서 들으시기를 간구한 것입니다.

사람을 만나려면 약속 장소에 가야 합니다. 하나님을 예배하는 것은 더욱더 그렇습니다. 하지만 살다 보면 어쩔 수 없는 상황이 생깁니다. 몸이 아파 병원에 입원한다든지, 큰일이 생겨 도저히 올 수 없는 상황, 출장 중에 멀리 떠나 있다든지, 이럴 때는 영상으로 예배를 드리게 됩니다. 하지만 할 수만 있으면 약속한 장소에 와서 예배해야 합니다. 사랑하는 사람을 영상으로 만나고 싶지는 않습니다. 이처럼 하나님의 얼굴을 바라보고, 눈빛을 주고받고 따뜻한 기운을 느끼고 싶어서 교회에 가는 것입니다. 하나님은 인격적인 분이십니다. 그래서 주님의 이름이 있는 곳에 와서 예배할 때 온몸으로 하나님을 경험하게 되는 것입니다.

예배를 마치고 돌아가면 이곳 예배당이 텅 비어 있는 것 같습니다. 빈 공간 같지만 여기에 하나님의 눈이 머물러 있습니다. 하나님의 이름이 여기에 늘 있습니다. 여기에 와서 주님의 이름 부르면 주님이 들으십니다. 성전은 하나님의 약속이 있는 곳입니다. 예배는 하나님과 만나는 성도들의 특권입니다. 그래서 우리는 진정한 예배자로 다시 태어나야 합니다. 19절에서 이렇게 말합니다.

> "그러므로 형제들아 우리가 예수의 피를 힘입어 성소
> 에 들어갈 담력을 얻었나니"

이 말씀은 구약의 성막 제도를 배경으로 합니다. 하나님은 "성막을 지어라. 내가 거기서 너를 만나겠다."라고 하셨습니다. 성막 안에는 성소와 지성소가 있고, 그 사이에 큰 휘장이 있습니다. 지성소 안에 언약궤가 있고 그곳이 하나님을 만나는 자리였습니다. 그러나 아무나 들어갈 수 없었습니다. 오직 대제사장만 1년

에 단 한 번 백성을 대신해 들어갈 수 있었습니다. 그런데 예수 그리스도께서 십자가에서 죽으실 때, 자신의 몸을 찢으심으로 그 휘장을 여셨습니다. 예수의 피로 담대히 하나님께 나아갈 수 있는 길을 얻은 것입니다. 히브리서 10장 20절은 바로 그 사실을 증언합니다. 우리에게 길을 열어두신 것입니다. 20절에 그 말씀을 하고 있습니다.

"그 길은 우리를 위하여 휘장 가운데로 열어 놓으신 새로운 살 길이요 휘장은 곧 그의 육체니라"

예수님께서 십자가에서 몸이 찢기셨을 때, 성소의 휘장이 찢어진 것처럼 누구든지 하나님 앞에 나아갈 수 있게 되었습니다. 길이 열렸습니다. 그 길은 우리를 하나님의 임재로 인도하는 생명의 길입니다. 오늘 우리가 예배당에 모인 것도 영적으로 지성소에 들어가 하나님의 임재를 경험하기 위해서입니다. 예배 속에서 주님의 임재 앞에 서게 될 때, 우리의 모든 염려와 걱정은 사라지고 참된 평안과 만족이 임합니다. 하나님께서는 우리 앞에 새로운 길을 여셨습니다. 오늘 그 길로 들어가 하나님의 임재를 누리시기를 축복합니다.

종려나무 같이 백합화 같이

부모들이 자녀를 낳아 기를 때 얼마나 많은 애를 씁니까? 갓난아이가 성년이 될 때까지 많은 어려움이 있습니다. 아이가 자라 학교에 가고, 중고등학교, 대학교를 마치고 취업합니다. 그러면 부모는 '그래 이제 걱정 안 해도 되겠다.'고 안심합니다. 취업해서 자기 앞가림을 하면 마음이 다소 놓입니다. 게다가 결혼을 하면 부모 역할 다 했다고 생각하며 이제 스스로 살아갈 수 있다고 걱정을 내려놓습니다. 우리의 신앙도 자기 앞가림을 할 수 있는 수준까지 되면 얼마나 좋겠습니까? 그런데 성도들이 자립을 잘하지 못합니다. 계속 누군가가 끌어 주고 연락하고 권면해야 합니다. 그래야 교회에 나옵니다. 자립하는 믿음의 사람 되기를 축복합니다.

어느 정도가 되어야 신앙이 자립했다고 할 수 있을까요? 세례를 받으면 될까요? 물론입니다. 세례는 입문이며 시작입니다. 그런데 집사가 되고 중직자가 되었는데도 자리를 잡지 못하는 사람들이 있습니다. 신앙의 자립을 위해 가장 중요한 것이 무엇일까요? 바로 예배입니다. 예배가 살아나면 신앙의 자립이 됩니다. 그렇게 되면 주일에 누가 권면하지 않아도 스스로 예배드리러 나옵니다. 무엇과도 예배를 바꾸지 않습니다. 누가 유혹을 해도,

어떤 일이 생겨도 예배합니다. 그런 사람이 신앙이 회복된 사람들이고 자립하는 신앙에 우뚝 선 사람들입니다. 이 사람들은 교회에 심겨져 있습니다. 교회의 손님이 아니라 가족의 일원입니다. 시편 92장 12절은 이렇게 말합니다.

"의인은 종려나무 같이 번성하며 레바논의 백향목 같이 성장하리로다"

의인는 종려나무같이 번성하고 레바논의 백향목 같이 성장한다고 합니다. 그들이 잎이 청청하고 열매 맺는 이유는 한 가지입니다. 13절을 같이 읽어보겠습니다.

"이는 여호와의 집에 심겼음이여 우리 하나님의 뜰 안에서 번성하리로다"

여호와의 집에 심겨져야 하나님의 뜰 안에서 번성합니다. 세상이 아닌 하나님의 뜰 안에 뿌리를 내려야 합니다. 그래야 우람하게 자라 잎이 청청하고 열매를 맺는 삶을 살게 됩니다. 자립하는 신앙을 위해서 교회에 심기는 것입니다. 교회에 손님이 되지 마시고 가족이 되시기를 축복합니다. 목장 모임에 나가고 교회 봉사도 하면서 교회 사역에 동참하십시오. 구경만 하는 관중이나 대접을 받는 손님이 되지 말고 가족이 되십시오. 자립하여 그리스도 안에 심기기 바랍니다. 변화무쌍한 시대지만 우리 교회가 여러분 인생의 마지막 교회가 되기를 축복합니다.

데이비드 핑크 박사는 안정된 삶을 살기 위해서는 네 가지가 필요하다고 합니다. 첫 번째는 '일'입니다. Work입니다. 자기 일이 있어야 안정감을 가질 수 있습니다. 두 번째가 '여가'입니다. Play, 약간의 놀이입니다. 그래야 여백이 있습니다. 세 번째는 '사랑'입니다. Love입니다. 누군가를 사랑할 때 행복을 느낍니다. 사람은 일만 하고 살 수 없고, 놀기만 해서 행복지 않습니다. 네 번째가 바로 '예배', Worship입니다. 이 네 가지가 있어야 안정되게 살 수 있습니다. 그리고 그 중 가장 중요한 것이 예배입니다. 예배가 빠지면 흐느적거리는 인생이 될 수밖에 없습니다. 온 마음을 다해서 예배할 때 삶이 안정됩니다. 삶의 내용이 탄탄해집니다. 우리는 예배하기 위해 세상에 태어났습니다. 구원받는 사람들의 본분은 예배입니다. 예배가 살아나면 인생이 살아납니다. 예배가 살아나면 형통이 시작됩니다. 예배에 승리하시기를 축복합니다. 우리 인생 길에서 예배가 이정표가 되기를 바랍니다. 예배를 따라 걸어갈 때 우리 삶은 살아나고, 예배를 좇을 때 주님을 만나게 됩니다. 진정한 예배자로 다시 태어나시기를 축복합니다. 본문 24~25절을 같이 읽어보겠습니다.

"서로 돌아보아 사랑과 선행을 격려하며 모이기를 폐하는 어떤 사람들의 습관과 같이 하지 말고 오직 권하여 그 날이 가까움을 볼수록 더욱 그리하자."

우리는 서로를 격려하며 모이기에 힘써야 합니다. 인생의 끝, 그리고 주님이 재림하는 날이 점점 가까워오기 때문입니다. 그 날이 다가올수록 더 열심히 모여 예배하고, 주님 앞에 나아가야 합니다. 결국 우리는 삶이 끝나는 자리에서 주님을 만나게 될 것입니다. 그 길 위에 놓여 있는 수많은 이정표가 바로 예배입니다. 사랑하는 여러분, 예배를 붙잡으시기를 예수님의 이름으로 축복합니다

9장

한 번뿐인 내 인생
눈부시게 하라

¹³ 너희는 세상의 소금이니 소금이 만일 그 맛을 잃으면 무엇으로 짜게 하리요 후에는 아무 쓸 데 없어 다만 밖에 버려져 사람에게 밟힐 뿐이니라 ¹⁴ 너희는 세상의 빛이라 산 위에 있는 동네가 숨겨지지 못할 것이요 ¹⁵ 사람이 등불을 켜서 말 아래에 두지 아니하고 등경 위에 두나니 이러므로 집 안 모든 사람에게 비치느니라 ¹⁶ 이같이 너희 빛이 사람 앞에 비치게 하여 그들로 너희 착한 행실을 보고 하늘에 계신 너희 아버지께 영광을 돌리게 하라

(마 5:13-16)

꽃은 저마다 피어야 하는 계절이 따로 있어

자신의 때를 기다렸다 피어난다.

늦지 않았다. 조급해 마라.

아직 당신의 때가 오지 않았을 뿐

지금의 노력은 성공의 걸음이 되어 누구보다

예쁘게 피어날 것이다

잊지 말아라. 다소 늦더라도

그대는 반드시 예쁜 꽃을 피울 사람이다.

"그대는 반드시 예쁜 꽃을 피울 사람입니다." 이 말은 곧 "그대는 소중한 사람이다."라는 뜻입니다. 예수 안에 있는 우리는 반드시 꽃 피울 사람으로 하나님의 눈에 귀한 존재입니다. 방금 읽은 글은 『실컷 울고 나니 배가 고파졌어요』라는 책에 나오는 구절입니다. 부제는 '삶이 버거운 당신에게 보내는 말'인데, 제목만 보아도 인간의 솔직한 본심을 잘 담고 있습니다. 너무 힘들고 기가 막혀 펑펑 울고 난 뒤에도 결국 배가 고파지는 것이 사람입니다. 이 책은 이렇게 이해하기 어려운 인간의 이중성을 이야기합니다.

인간은 이중적입니다. 예를 들어, 취업을 준비하는 사람은 하루빨리 직장을 얻기를 간절히 원합니다. 그러나 막상 취직하면

퇴사하고 싶어합니다. 십 대는 빨리 어른이 되고 싶어 하지만, 어른이 되면 그 시절로 돌아가고 싶어합니다. 미혼일 때는 결혼을 꿈꾸지만, 결혼하고 나면 다시 미혼 시절을 그리워합니다. 참으로 모순적이지요. 그래서 이 책은 우리에게 질문을 던집니다. 사람은 왜 이럴까? 어느 날, 어느 때가 가장 좋은 때일까? 젊음의 때일까, 나이가 들어서일까? 과연 어느 순간이 진짜 좋은 날일까?

모든 날이 아름답다

그러나 우리가 살아가는 모든 날은 다 좋은 날입니다. 젊을 때는 젊어서 좋고, 장년의 때는 장년이라서 좋습니다. 인생의 풍파를 지나 황혼을 맞이하는 노년의 때도 아름답습니다. "너와 함께한 시간 모두 눈부셨다. 날이 좋아서, 날이 좋지 않아서, 날이 적당해서, 모든 날이 좋았다."는 한 드라마의 명대사입니다. 예수 안에 있는 사람들에게는 모든 날이 다 좋은 날입니다. 바람 부는 날도, 비 오는 날도, 젊음의 순간도, 나이 드는 순간도, 슬플 때도, 기쁠 때도 모두 은혜의 날입니다.

젊을 때는 인생을 숙제처럼 여기며 아등바등 살아갑니다. 하지만 나이가 들면서 조금씩 여유가 생기고, 인생을 관조하는 마음이 열립니다. "그럴 필요가 없지. 인생은 덧없는데…"라는 깨달음을 통해 마음이 너그러워집니다. 그러므로 어느 한때만 좋은 때가 아닙니다. 모든 순간이 다 좋은 날입니다. 그러나 여기서 반드시 기억해야 할 진실이 하나 있습니다. 인생은 단 한 번뿐이라는 것입니다. 누구도 예외가 없습니다. 단 한 번 주어진 인생이기에, 우리는 아무렇게나 살아서는 안 됩니다.

오늘 말씀의 제목은 '한 번뿐인 내 인생, 눈부시게 하라'입니다. 우리 인생은 한 번 지나가면 다시 돌아올 수 없는 순간들의 연속입니다. 그렇기에 우리는 그 소중한 순간들을 눈부시게 만들어 가야 합니다. 우리의 삶을 돌보지 않으면, 아무도 우리의 인생을 대신 돌봐주지 않습니다. 인생은 하나님께서 맡겨주신 값진 선물입니다. 여러분은 반드시 아름다운 꽃을 피울 사람이고, 하나님의 눈에 참으로 소중한 존재입니다.

그렇다면 이제 우리의 사명이 분명해집니다. 인생을 눈부시게 살아내는 것입니다. 어떻게 해야 인생을 눈부시게 만들 수 있을까요? 오늘 본문은 그 답을 우리에게 들려줍니다. 이제 마태복음 5장 13절 말씀을 함께 읽겠습니다.

"너희는 세상의 소금이니 소금이 만일 그 맛을 잃으면

무엇으로 짜게 하리요 후에는 아무 쓸 데 없어 다만 밖에 버려져 사람에게 밟힐 뿐이니라"

예수님은 우리를 다이아몬드가 아니라 소금이라고 말씀하십니다. 다이아몬드가 더 귀한 보석 같지만, 사실 다이아몬드는 없어도 살아가는 데 큰 지장이 없습니다. 사치품일 뿐입니다. 그러나 소금은 다릅니다. 소금은 필수품입니다. 없으면 삶이 유지될 수 없습니다. 예수님께서 우리를 소금이라 하신 것은, 우리가 세상에 없어서는 안 될 소중한 존재라는 뜻입니다. 세상에 꼭 필요한 사람이라는 의미입니다. 그리고 14절에서는 이렇게 말씀하십니다. "너희는 세상의 빛이라." 세상에 빛이 없으면 모든 것은 어둠 속에 묻혀버리고 어떤 생명도 살 수 없습니다. 그렇다면 여기서 중요한 질문이 있습니다. 예수님께서 말씀하신 '너희'는 누구일까요? 마태복음 5장 1절을 보면 그 대상을 알 수 있습니다.

"예수께서 무리를 보시고 산에 올라가 앉으시니 제자들이 나아온지라."

이 말씀은 세상 모든 사람에게 하신 것이 아니라, 예수님의 제자들, 곧 주님을 따르는 우리에게 주신 말씀입니다. 이제 산상수훈이 시작됩니다. 예수님은 팔복을 말씀하시고 곧바로 이렇게 말씀하셨습니다. "너희는 세상의 소금이다. 너희는 세상의 빛이다."

예수님이 가시는 곳마다 허다한 무리가 따라왔습니다. 병든 자, 가난한 자, 세상에서 소외된 자, 억울하고 눌려 있는 사람들이었습니다. 놀라운 것은 그들을 향해 예수님이 말씀하셨다는 사실입니다. "너희가 세상의 빛이다. 너희가 세상의 소금이다."

사실 우리 머리로는 쉽게 이해되지 않습니다. 세상에는 대단한 권력자, 부자, 학자들이 많습니다. 그런데 예수님은 그들이 아니라 가난한 사람, 소외된 사람, 병든 사람, 눌린 사람을 향해 "너희가 세상의 소금이고 빛이다."라고 선언하셨습니다.

이것은 단순히 과장이 아닙니다. 주님은 지금 이 자리의 우리를 향해서도 동일하게 말씀하십니다. "너는 너무나 소중한 사람이다. 너희는 소금이다. 너희는 세상의 빛이다." 여기서 중요한 점은 우리가 애써 노력하고 수행해서 소금이 되거나 빛이 되는 것이 아니라는 사실입니다. 주님은 이미 우리를 세상의 소금이고 빛이라고 말씀하십니다. 왜 그렇습니까? 요한복음 8장 12절에서 그 이유를 분명히 밝히십니다.

> "예수께서 또 말씀하여 이르시되 나는 세상의 빛이니 나를 따르는 자는 어둠에 다니지 아니하고 생명의 빛을 얻으리라"

우리가 빛이 되는 이유는 빛 되신 예수님을 따르고 있기 때문입니다. 예수님은 친히 "나는 세상의 빛이다."라고 말씀하셨습니다. 그러면서 "나를 따르는 자, 내게로 오는 자는 어둠에 다니지 않고 생명의 빛을 얻으리라."고 하셨습니다. 놀라운 것은, 우리가 특별히 무언가를 해서가 그렇게 된 것이 아니라는 사실입니다. 단지 빛이신 예수님께 나오기만 하면 됩니다. 그 순간 어둠은 물러가고, 우리는 빛 가운데 거하게 됩니다. 그리고 그 사람이 곧 세상의 소금이요 빛이 되는 것입니다.

예수님께 나아온 무리도 마찬가지였습니다. 예수님은 그들에게 말씀하셨습니다. "너희는 어둠 속에 있지 않다. 이제 너희는 빛 가운데 있다. 그러므로 너희가 세상의 소금이고 세상의 빛이다." 지위나 신분, 세상에서의 위치와 상관이 없습니다. 누구든지 예수께 오면 주님의 빛을 받아 하나님의 자녀가 됩니다. 바로 그 은혜로 우리는 빛과 소금이 된 것입니다. 예수님의 말씀을 받아들이는 순간 빛이 되고 소금이 됩니다. 소중한 존재가 됩니다. 한 번뿐인 인생을 눈부시게 살아야 할 이유가 여기에 있습니다. 그렇다면 어떻게 우리의 삶을 눈부시게 만들어 갈 수 있을까요? 그 답은 바로 자기 선언의 힘에 있습니다.

긍정적 스티그마 찍기

낙인 효과(Stigma Effect)라는 것이 있습니다. 누군가 우리에게 낙인을 찍으면, 우리는 그 낙인대로 살기 쉽습니다. 삶을 돌아보면 이런 경험이 많습니다. 어떤 사람이 "너는 원래 그런 사람이야."라고 규정해 버리면, 자신도 모르게 '내가 정말 그런가 보다.' 하고 받아들이며 살아가는 것입니다. '스티그마(Stigma)'라는 말은 농장 주인이 소나 말의 엉덩이에 불에 달군 인두를 찍어 자기 소유임을 표시하던 데서 나온 말입니다. 오늘날 사람들은 실제로 불도장을 찍지는 않지만, 말과 태도를 통해 보이지 않는 낙인을 찍습니다. 그렇게 사람들은 "저 사람은 원래 그런 사람이야."라는 평가 속에 살아갑니다.

예를 들어, 어떤 아이가 시험을 한두 번 망쳤을 때 선생님이나 친구가 "넌 원래 공부 못하는 애야."라고 말하면, 그 아이는 그렇게 믿어버립니다. 낙인대로 살아가는 것입니다. 그러나 반대로 "넌 잘할 수 있어. 네 안에 가능성이 있어."라고 격려한다면 긍정적 낙인이 되어 아이의 삶을 바꿉니다.

부모들도 자식이 애를 먹이고 공부를 하지 않으면 낙인을 찍어버립니다. "지지리도 못한 놈, 너 같은 애가 뭘 할 수 있겠어?"라고 낙인을 찍습니다. 부모가 그렇게 말을 하는 것은 속이 상해서도 있지만, 그렇게 자극을 하면 분발해 열심히 공부할 줄로 알고 자존심을 건드리는 것입니다. 그러나 부모가 아이에게 못난 놈이라는 낙인을 찍으면 열심히 해야 하겠다는 생각을 하지 않고, 스스로 에너지가 빠져서 '그럼 그렇지, 나는 못난 놈이야.'라고 받아들입니다. 그래서 점점 더 못난 놈이 됩니다. 그렇게 그 인생이 말라버리는 것입니다.

그런데 예수님은 우리에게 무슨 도장을 찍어주셨습니까? 빛과 소금이라는 도장을 찍어주셨습니다. "너희는 세상의 소금이다. 너희는 세상의 빛이야. 네가 없는 세상은 생각할 수 없어. 너는 정말 소중한 사람이야."라고 격려와 칭찬의 도장을 찍어주십니다. 이것을 '아멘'으로 받으시기 바랍니다.

긍정적인 자기규정은 굉장히 중요합니다. 이 선언의 힘은 대단합니다. 낙인 효과는 다른 사람이 나에게 찍는 것입니다. 그러나 자기규정 효과는 그 반대입니다. 내가 나에게 낙인을 찍는 것입니다. 남들이 우리에게 낙인을 찍어도 받아들이지 않으면 상관이 없습니다. '나는 그들이 말하는 사람이 아니고, 이런 사람이야.'라고 규정하면 됩니다. 예수님이 우리에게 말씀해 주신 13절을 같이 읽어보겠습니다.

> "너희는 세상의 소금이니 소금이 만일 그 맛을 잃으면 무엇으로 짜게 하리요 후에는 아무 쓸 데 없어 다만 밖에 버려져 사람에게 밟힐 뿐이니라"

우리의 존재를 말씀합니다. "너희는 세상의 소금이다. 소금이 맛을 잃으면 세상이 어떻게 되겠느냐?" 다른 말로 하면 "사랑하는 내 아이야. 너는 너무 소중한 사람이야. 네가 없으면 무엇으로 맛을 내겠니?"라고 말씀하시는 것입니다. 다음 절에도 똑같은 말씀을 하십니다.

> "너희는 세상의 빛이라 산 위에 있는 동네가 숨겨지지 못할 것이요"

"너는 세상의 빛이야. 너는 너무도 소중한 사람이야." 우리는 이 말씀을 받아서 자기 선언을 해야 합니다. "맞아. 나는 정말 소중한 사람이야."라고 선언하면 정말 그런 사람이 됩니다. "나는 예수 안에서 사랑받는 사람이지, 나는 하나님께 사랑받는 사람이야."라고 스스로 선언하면 그런 사람이 되는 것입니다. "나는 예수님 때문에 행복한 사람이야."라고 선언하면 내 안에서 기쁨의 샘물이 올라옵니다. 행복한 감정이 올라옵니다. 예수 안에서 무엇이든지 할 수 있다고 선언하면 자신감이 생기고 희망의 빛이 생깁니다. "오늘도 내 인생은 눈부시다."라고 아침마다 선언하면 소망의 커튼이 열립니다. 자기 선언의 힘입니다. 예수님이 지금 그 말씀을 하시는 것입니다. 우리는 소금이고 빛입니다. 그런데 소금과 빛이 되는 것이 우리의 최종 목적이 아닙니다. 소금은 맛을 내야 하고, 빛은 비추어야 합니다. 우리의 최종 목적은 소금과 빛이 되어 '맛을 내고 빛을 발하는 것'입니다.

너희 빛을 사람 앞에 비치게 하라

사람은 세 번 태어난다고 합니다. 부모의 몸을 통해 한 번 태어났습니다. 그런데 성경은 두 번째 태어남, 즉 거듭남을 말합니다. 거듭남은 우리 영혼이 예수 안에서 다시 한 번 태어나는 것입니다. 그렇게 하나님의 자녀가 되는 것입니다. 세 번째는 사명의 탄생입니다. 하나님 자녀가 되었으면 사명대로 살아야 합니다. 우리가 왜 이 땅에 사는지 존재 이유를 밝히는 리처드 J. 라이더와 데이비드 A. 샤피가 함께 쓴 『무엇이 나를 행복하게 만드는가』라는 책이 있습니다. 이 책에서 저자들은 행복한 삶이란 무엇인지 근본적인 물음을 던집니다. "무엇이 나를 행복하게 만드는가?"라는 질문에 지금 내 삶을 이루고 있는 것들을 되돌아보고, 이 모든 것이 나를 과연 행복하게 해주는지 생각하게 합니다.

책 안에 의미 있는 이야기가 있습니다. 어느 농장 주인이 인부들을 고용해 삽과 곡괭이로 땅을 파게 했습니다. 인부들은 땀을 흘리며 열심히 땅을 파고 있었는데, 주인이 와서 보더니 "이제 됐으니 그만 파세요. 다른 곳으로 가서 다시 파십시오."라고 말했습니다. 인부들은 이유도 모른 채 다른 곳을 또 열심히 팠습니다. 그러나 잠시 후 주인이 다시 와서 "여기도 됐습니다. 이제 흙으로 메우고 저쪽을 다시 파세요."라고 지시했습니다.

이런 일이 몇 번 반복되자 인부들은 결국 짜증이 나서 곡괭이를 던지며 "더 이상 못 합니다. 돈도 필요 없습니다!"라고 말했습니다. 그때 주인이 설명했습니다. "여러분, 지금 여러분은 그냥 땅을 파는 것이 아닙니다. 샘을 찾고 있는 것입니다. 물을 찾아내야 농장에 농작물을 가꾸고, 가축도 키울 수 있습니다." 인부들은 그제야 이유를 깨닫고 힘을 내어 다시 땅을 파기 시작했습니다.

이것이 바로 사람의 마음입니다. 사람은 의미 있는 일에 보람을 느낍니다. 아무리 돈을 준다 해도 의미가 없다면 하고 싶지 않습니다. 현대인이 가장 두려워하는 것도 바로 '의미 없는 삶'입니다. 열심히 돈을 벌고 무엇인가 이루었는데, 어느 순간 '내가 이걸 왜 했지?'라는 생각이 들면 허무가 몰려옵니다. 모든 노력이 공허하게 느껴지는 것입니다.

이것이 솔로몬의 고백이었습니다. "헛되고 헛되다."라는 말은 결국 "의미가 없다, 비어 있다."는 고백입니다. 사람은 의미 없는 일을 할 수 없습니다. 왜 살아야 하는지, 존재의 이유를 모르면 작은 어려움에도 쉽게 무너집니다. 16절은 우리가 살아야 할 이유를 설명합니다.

> "이같이 너희 빛이 사람 앞에 비치게 하여 그들로 너희 착한 행실을 보고 하늘에 계신 너희 아버지께 영광을 돌리게 하라"

소금과 빛으로 존재하는 것보다 더 중요한 것은 "무엇을 위하여 살았는가" 하는 것입니다. 결국 삶의 의미가 핵심입니다. 예수님은 "너희 빛을 사람 앞에 비치게 하라."라고 말씀하셨습니다.

다른 이들이 우리의 삶을 통해 빛을 보게 하는 것, 바로 그것이 우리가 살아가는 이유이며 삶의 의미입니다.

우리 주변에는 하나님이 허락하신 영적인 가족이 있습니다. '오이코스(Oikos)'입니다. 오이코스는 헬라어로 '집' 또는 '가족'을 뜻하는 말인데, 단순히 혈연 가족만이 아니라, 나와 일상적으로 관계를 맺고 있는 사람들을 포함합니다. 보통 8명에서 15명 정도의 가까운 관계망을 가리킵니다. 직장에서, 학교에서, 이웃과 친척, 친구들이 바로 우리의 오이코스입니다.

우리가 이 땅에 살아가는 이유와 목적은, 이 오이코스 한 사람 한 사람을 주님께로 인도하여, 우리가 믿는 하나님을 그들도 "아버지"라 부르게 하는 데 있습니다. 만약 이 사명을 잃어버린다면 삶의 의미를 잃어버리는 것입니다. 이것이 곧 소금의 사명이며, 빛의 사명입니다. 그리고 이것이 바로 우리가 존재하는 이유입니다.

봄이 되면 여기저기서 파란 새싹이 돋아나지요. 그러나 여전히 마른 나무와 시든 풀도 있습니다. 그것들이 다시 푸르게 살아나려면 봄비가 내려야 합니다. 마찬가지로 예수가 없는 인생은 마를 수밖에 없습니다. 겉으로는 신선해보여도 영적으로는 이미 죽은 상태입니다. 그렇기 때문에 우리 주변의 오이코스, 즉 하나님을 알지 못하는 가족과 이웃들에게 우리가 믿는 하나님을 전해야 합니다. 그들이 "아, 하나님은 참으로 좋으신 분이구나!"라고 고백하며 빛 가운데로 나와, 어둠에서 벗어나 푸르고 푸른 인생으로 회복되도록 도와야 합니다. 이것이 우리가 살아가야 할 이유요, 삶의 참된 의미입니다.

우리는 이미 예수를 믿는 사람들입니다. 믿지 않는 사람은 예수께 나와야 소금이 되고 빛이 됩니다. 그렇다면 이미 예수 믿는 우리는 어떻게 해야 더욱 빛나는 삶을 살아갈 수 있을까요? 어떻게 우리의 삶을 더 푸르고 푸르게 가꿔갈 수 있을까요?

이번 한 주간 새벽기도 시간 동안 우리는 민수기 말씀을 묵상했습니다. 광야에 있던 이스라엘 백성은 끊임없이 하나님을 원망하고 현실에 대해 불평했습니다. 그들은 하나님의 크신 꿈을 안고 애굽에서 나와 약속의 땅 가나안을 향해 가고 있었습니다. 그러나 정작 가나안에 들어가야 할 꿈은 잊어버린 채, 기회만 있으면 원망과 불평을 쏟아냈습니다. 이스라엘 백성이 젖과 꿀이 흐르는 아름다운 가나안 땅에 들어가지 못한 이유는 다른 것이 아니었습니다. 인격이 부족해서도, 학식이 모자라서도 아니었습니다. 그들의 입술에서 끊임없이 흘러나온 원망과 불평 때문이었습니다. 민수기 14장 27절에서 하나님께서 그들을 향해 이렇게 말씀하십니다.

> "나를 원망하는 이 악한 회중에게 내가 어느 때까지 참으랴 이스라엘 자손이 나를 향하여 원망하는 바 그 원망하는 말을 내가 들었노라"

'원망'이라는 단어가 들어옵니다. 하나님은 이스라엘 자손들이 하나님을 향하여 원망하는 말을 다 들으셨습니다. 그다음 절인 28절은 이들이 원망하는 소리를 들으신 하나님의 말씀입니다. 같이 읽어보겠습니다.

> "그들에게 이르기를 여호와의 말씀에 내 삶을 두고 맹세하노라 너희 말이 내 귀에 들린 대로 내가 너희에게 행하리니"

이스라엘 백성의 끝없는 원망과 불평을 하나님께서 다 들으셨습니다. 그리고 이렇게 말씀하십니다. "그래, 네가 말한 그대로 되리라. 너희가 원망한 대로, 결국 가나안 땅에 들어가지 못하게 하겠다." 원망과 불평은 우리 삶을 메마르게 만듭니다. 우리 입술에서 흘러나오는 불평과 원망이 결국 우리 삶을 점점 더 각박하게 만들고 맙니다.

신경정신과 의사 이시형 박사가 있습니다. 젊은 시절, 저는 TV에 나와 강연하던 그의 모습을 자주 보았는데, 그 강의가 참 인상 깊고 좋았습니다. 은퇴 후에도 그는 책을 집필하며 여전히 사람들의 건강을 돌보는 일을 이어가고 있습니다. 그의 저서 중 하나가 『쉬어도 피곤한 사람들: 피로 사회를 뛰어넘는 과학적 휴식법』입니다. 제목만 들어도 현대인의 모습을 그대로 담고 있지 않습니까? 현대인의 특징 가운데 하나는, 쉬어도 여전히 피곤하다는 것입니다.

옛날 시골 마을에서는 동네 어른이 돌아가시면 부고를 전해야 했습니다. 부고장을 만들어 동네 청년들이 10리, 20리 길을 물어물어 찾아가서 전달했고, 더 멀리 있는 이들에게는 전보를 보냈습니다. 전보를 치면 집배원이 수고하며 그 집을 찾아가 소식을 전해 주었습니다. 그러나 요즘은 그렇지 않습니다. 스마트폰으로 부고 문자를 보내면 됩니다. 시간도, 수고도 훨씬 절약됩니다. 그런데 이상합니다. 이렇게 편리해졌음에도 불구하고 현대인들은 더 바쁘고, 쉬어도 여전히 피곤하다고 느낍니다. 왜 그럴까요? 바로 스트레스 때문입니다. 삶의 크고 작은 스트레스가 우리를 짓누르며, 결국 몸을 병들게 하고 행복을 누리지 못하게 만드는 것입니다.

헝가리-캐나다 출신의 한스 셀리에(János Hugo Bruno Hans Selye)는 스트레스 연구 분야의 세계적인 권위자였습니다. 나이가 들어 대학을 떠나면서 마지막 고별 강연을 하버드 대학에서 했는데, 마침 이시형 박사도 그 자리에 있었다고 합니다. 한 분야의 대가가 고별 강연을 한다니 강연장은 사람들로 가득 찼고, 강연이 끝나자 청중들은 모두 기립해 그의 학문과 삶에 존경과 찬사를 담아 박수갈채를 보냈습니다. 그가 강단을 내려올 때 한 청년이 앞을 막아서며 질문을 했습니다.

"셀리에 박사님, 한 가지 여쭙고 싶습니다. 박사님은 스트레스 전문가이신데, 스트레스를 해소할 수 있는 비결 한 가지만 알려주십시오."

일종의 원 포인트 레슨을 요청한 것입니다. 그러자 셀리에 박사는 잠시 머뭇거리더니 단 한 마디를 남겼습니다.

"감사(Appreciation). 감사하십시오."

그 순간 강연장은 고요해졌습니다. 삶의 여정 속에서 우리가 잃어버린 단어가 바로 '감사'라는 사실을 모두가 깨달았던 것입니다. 우리는 너무 많은 것을 당연하게 여기며 살아갑니다. 그래서 원망과 불평은 넘쳐나지만, 정작 감사는 사라진 것입니다.

이시형 박사는 "감사만큼 강력한 스트레스 정화제도 없고, 감사만큼 강력한 치유제도 없다."고 말합니다. 실제로 예수 믿는 사람들이 장수하는 이유 중 하나도 바로 범사에 감사하기 때문입니다. 그의 책에서는 '종교인들'이라고 표현했지만, 저는 '예수 믿는 사람들'로 바꿔 말하고 싶습니다. 의학적으로도 예수 믿는 사람들이 믿지 않는 사람보다 오래 산다고 합니다. 작은 일, 하찮은 일에도 하나님께 감사드리기 때문입니다.

감사하는 마음에는 미움이나 시기, 질투가 들어설 자리가 없습니다. 감사가 가득한 삶은 풍요로워집니다. 한 번뿐인 인생을 눈부시게 하고, 푸르고 풍성하게 만드는 비결이 있다면 그것은 하나님께 드리는 감사입니다.

반대로 원망과 불평은 독과 같습니다. 불평하면 할수록 더러운 기운이 우리 안에 스며들고, 결국 인생은 메말라 시들어갑니다. 그러나 마음 다해 감사할 때마다, 우리 내면 깊은 곳에서 기쁨의 샘이 솟아오릅니다. 그 샘이 삶을 푸르고 푸르게 만들고, 한

없는 자유와 평안을 누리게 합니다. 그러므로 감사로 여러분의 인생을 눈부시고 풍요롭게 만들어 가시기 바랍니다. 시편 116장 12절은 우리에게 감사의 비밀을 알려줍니다.

> "내게 주신 모든 은혜를 내가 여호와께 무엇으로 보답할까"

감사의 비결은 은혜에 빚진 마음을 갖는 것입니다. 우리 같은 사람도 세상의 소금과 빛이라 소중히 불러주시는 주님의 사랑을 기억할 때, 우리는 고백할 수밖에 없습니다. "내게 주신 모든 은혜를 내가 여호와께 무엇으로 보답할까?" 주님이 아니었다면 우리는 세상에서 허무하게 사라질 존재였습니다. 그러나 주님의 은혜로 살아났습니다. 그 은혜를 기억하며 사랑에 빚진 자의 마음을 품을 때, 우리는 겸손해지고 감사할 수밖에 없습니다. 날마다, 매 순간 하나님의 은혜를 기억하며 감사하는 삶을 사시기 바랍니다. 그래서 날로 빛나고 푸른 인생 되시기를 예수님의 이름으로 축복합니다.

10장
당신은 아름답고 소중한 사람입니다

제자 중 하나 곧 시몬 베드로의 형제 안드레가 예수께 여짜오되 여기 한 아이가 있어 보리떡 다섯 개와 물고기 두 마리를 가지고 있나이다 그러나 그것이 이 많은 사람에게 얼마나 되겠사옵나이까 예수께서 이르시되 이 사람들로 앉게 하라 하시니 그 곳에 잔디가 많은지라 사람들이 앉으니 수가 오천 명쯤 되더라 예수께서 떡을 가져 축사하신 후에 앉아 있는 자들에게 나눠 주시고 물고기도 그렇게 그들의 원대로 주시니라 그들이 배부른 후에 예수께서 제자들에게 이르시되 남은 조각을 거두고 버리는 것이 없게 하라 하시므로 이에 거두니 보리떡 다섯 개로 먹고 남은 조각이 열두 바구니에 찼더라 그 사람들이 예수께서 행하신 이 표적을 보고 말하되 이는 참으로 세상에 오실 그 선지자라 하더라 그러므로 예수께서 그들이 와서 자기를 억지로 붙들어 임금으로 삼으려는 줄 아시고 다시 혼자 산으로 떠나 가시니라

(요 6:8-15)

이 작은 아이가 처음 내 품에 안겨 왔을 때,

설레고 두려웠습니다.

두 시간마다 젖을 먹이느라 잠을 못 자도 괜찮았습니다.

깜깜한 새벽, 열이 펄펄 끓는 아이를 들쳐 업고

병원으로 뛰어가도 괜찮았습니다.

이 아이만 잘 자라준다면…

아이가 수험생일 때 방해하지 않으려 까치발로 걷고,

아프기라도 하면 밤새 곁을 지키며

녹초가 되어도 괜찮았습니다.

이 아이만 잘 된다면…

그토록 바라던 아이의 행복이 찾아왔는데,

왜 이렇게 눈물이 날까요?

그래도 괜찮습니다. 이 아이만 잘 된다면…

이젠 떠난 아이를 아무도 모르게,

아무에게도 말하지 않고 늘 기다리지만,

그래도 엄마는 괜찮습니다.

사람들은 돈을 벌어 더 좋은 하우스(house), 더 넓고 더 안락한 집을 갖기를 원합니다. 그러나 진정한 가정은 하우스가 아니니다. 홈(home)입니다. 하우스는 나무와 벽돌과 시멘트로 짓습니다. 그러나 홈은 사랑과 격려, 눈물과 희생으로 세워집니다.

사람은 좋은 '하우스'에서 행복을 누리는 것이 아니라, 좋은 '홈'에서 행복을 누리도록 지음 받았습니다. 그런 의미에서 가정은 천국의 한 조각입니다. 누구나 가정에서 출발합니다. 모든 인간은 부모 사이에서 태어나, 가정에서 자라납니다. 어린 시절을 가정에서 보내며 인생을 배우고, 사랑을 배우고, 때로는 눈물을 통해 사람다움을 배워갑니다. 그만큼 가정은 우리 삶의 토대이자, 하나님이 허락하신 귀한 선물입니다. 그러나 안타깝게도 흔들리는 가정들이 많습니다.

그렇지만 우리는 여전히 행복한 가정을 꿈꿀 수 있습니다. 푸르고 푸른 행복의 정원 같은 가정을 말입니다. 우리가 진정한 행복을 누릴 수 있는 곳은 바로 가정입니다. 잠언 14장 1절은 이렇게 말씀합니다.

> "지혜로운 여인은 자기 집을 세우되 미련한 여인은 자기 손으로 그것을 허느니라."

여기서 궁금한 점이 있습니다. 왜 성경은 '남편'이 아니라 '여인'을 언급할까요? 일반적으로 가장은 남편이라고 생각하기 쉽습니다. 그러나 실제로 가정의 분위기와 흐름을 만들어 가는 중심에는 어머니가 있습니다. 엄마의 눈물로 자녀가 자라고, 엄마의 기도로 가정이 지켜지며, 엄마의 바람으로 집안이 풀려가기도 합니다. 그래서 옛 어른들이 "며느리가 잘 들어오면 집안에 복이 들어온다."고 했던 것입니다. 실제로 한 사람이 가정에 들어와 무너져 가던 집을 다시 일으키는 사례도 많습니다. 성경이 말하는 것도 바로 이 점입니다. 지혜로운 여인은 자신의 가정을 세우지만, 미련한 여인은 알게 모르게 자기 손으로 집을 허문다는 것입니다. 자기 집을 허물고 싶어 하는 사람이 세상에 어디 있겠습니까? 그러나 알지 못하는 사이에 가정을 세우는 사람이 있고, 모르는 사이에 가정을 무너뜨리는 사람이 있습니다.

사랑하는 여러분, 저는 여러분이 지혜로운 사람이 되기를 소망합니다. 가정이 바로 서야 진정한 행복을 맛볼 수 있습니다. 하나님께서 우리에게 맡기신 가정을 천국의 한 조각처럼 잘 세워 나가기를 예수의 이름으로 축복합니다.

날이 저물어 갈 때, 빈 들에서 걸을 때

가정의 달, 첫 번째 메시지로 오병이어 이야기를 함께 나누고

자 합니다. 보리떡 다섯 개와 물고기 두 마리로 오천 명을 배불리 먹인 아름다운 기적의 이야기입니다. 흥미로운 것은 이 이야기가 마태복음, 마가복음, 누가복음, 요한복음, 사복음서에 모두 기록되어 있다는 사실입니다. 이는 예수님께서 이 놀라운 이야기를 우리 모두에게 반드시 전해 주고 싶으셨음을 보여줍니다.

다음과 같은 장면을 떠올려 보십시오. 예수님은 갈릴리 호수 근처, 벳새다 들판의 작은 언덕에 앉으셨습니다. 오늘 본문을 보면 그곳에 잔디가 많았다고 기록되어 있습니다. 예수님께서 자리에 앉으시자 사람들이 인산인해를 이루었습니다. 예수님은 그 자리에서 천국 복음을 전하셨습니다. 그분의 말씀은 어렵지 않아 잘 이해되었습니다. 사람들은 귀 기울여 들으며 시간 가는 줄 몰랐습니다. 배고픈 줄도 모른 채, 오직 예수님의 말씀에 사로잡혀 있었습니다.

그런데 해가 뉘엿뉘엿 저물 무렵이 되자 문제가 생겼습니다. 사람들을 집으로 돌려보내야 하는데, "이들이 배가 고프면 어떻게 하나?" 예수님은 그들의 영혼뿐 아니라 육신까지 채워 주고 싶으셨습니다. 그래서 제자들에게 이 마음을 나누셨습니다. 그때 빌립이 명석한 머리로 계산을 했습니다. "이 많은 사람을 먹이려면 200데나리온 어치 떡이 필요합니다." 그러나 그 돈도 없고,

설령 돈이 있다 해도 한꺼번에 이 많은 사람을 먹일 떡을 어디서 구하겠습니까? 빌립은 결국 불가능하다는 결론을 내렸습니다. 다른 제자들도 이에 동의하며 현실적인 판단을 내렸습니다. 마태복음 14장 15절 말씀입니다.

> "저녁이 되매 제자들이 나아와 이르되 이 곳은 빈 들이요 때도 이미 저물었으니 무리를 보내어 마을에 들어가 먹을 것을 사 먹게 하소서"

제자들은 예수님께 이렇게 말했습니다. "예수님, 이곳은 빈 들입니다. 이미 날도 저물었습니다. 그러니 무리를 마을로 보내어 스스로 먹을 것을 찾게 하십시오." 결론은 하나였습니다. 안 된다는 것이었습니다. 우리가 자주 부르는 찬양에도 이런 고백이 있습니다. "날이 저물어 갈 때, 빈 들에서 걸을 때…" 바로 오늘 본문 이야기를 노래한 것입니다.

우리도 인생에서 이런 순간을 맞이합니다. 계산해 보면 도저히 답이 나오지 않습니다. 그래서 우리는 쉽게 말합니다. "안 됩니다. 불가능합니다." 그러나 기억해야 합니다. 그때가 바로 주님의 때라는 사실입니다. 우리의 계산으로는 안 되지만, 주님이 일하시면 가능합니다. 예수님이 계시면 절망 속에서도 희망이 보입니다. 오늘 본문에서도 제자들은 모두 "안 된다."라고 말했지만, 그때 안드레가 한 가지 의견을 내놓습니다.

"여기 한 아이가 있어 보리떡 다섯 개와 물고기 두 마리를 가지고 있나이다 그러나 그것이 이 많은 사람에게 얼마나 되겠사옵나이까"

안드레에게도 믿음이 조금은 있었습니다. 그러나 그는 보리떡 다섯 개와 물고기 두 마리를 가지고 와서는 이렇게 말했습니다. "여기 한 아이가 보리떡 다섯 개와 물고기 두 마리를 가지고 있습니다. 그러나 이 많은 사람에게 이것이 무슨 소용이 되겠습니까?" 믿음은 있었지만, 여전히 반신반의하며 확신이 없었습니다.

그때 예수님께서 그 보리떡 다섯 개와 물고기 두 마리를 손에 받으셨습니다. 그리고 하늘을 우러러 축사하신 후, 제자들에게 사람들을 앉히고 나눠주라고 하셨습니다. 제자들은 예수님의 손에서 떡과 물고기를 받아 바구니에 담고 무리에게 나누어 주었습니다. 그러자 놀라운 일이 일어났습니다. 나누어주면 생기고, 또 생기는 일이 일어난 것입니다. 결국 오천 명이 배불리 먹었습니다.

그리고 남은 것을 거두어 보니 열두 광주리가 가득 찼습니다.

제가 이전에 이민교회에서 목회할 때, 부활절에 찬양대가 오병이어를 주제로 오페레타를 공연한 적이 있습니다. 오페레타는 오페라와 뮤지컬의 중간 형태로, 오페라를 간소화한 무대극입니다. 그날 저는 청중석에 앉아 찬양대의 공연을 지켜보고 있었습니다. 예수님이 축사하시고 바구니에 떡을 나눠주시는 장면을 보던 중, 문득 제 마음속에 환상이 떠올랐습니다. 저도 그 현장에 앉아 예수님께서 직접 떼어 주시는 빵을 받아먹고 있는 모습이었습니다.

여러분, 우리도 지금 이 자리에 앉아 있지만, 믿음의 상상으로 그 오병이어 사건의 현장, 갈릴리 벳새다 들판으로 가볼 수 있지 않겠습니까? 만약 제가 그곳에 앉아 있었다면, 빵을 받아먹으며 배부른 얼굴을 하고 있는 사람들의 모습을 보았을 것입니다. 모두가 만족하고, 감격하고, 행복해하는 모습 말입니다.

예수님의 말씀으로 영혼이 배부르고, 보리떡 다섯 개와 물고기 두 마리로 육신이 배부르게 되었습니다. 영혼과 육신이 동시에 충만한 감격, 이것이야말로 진정한 행복이 아니겠습니까? 그런데 그 현장에서 누구보다 더 행복한 사람이 있었습니다. 바로 그 보리떡 다섯 개와 물고기 두 마리를 드린 어린아이입니다. 자기의 보잘것없는 도시락을 예수님께 드렸더니, 예수님은 그것을 축사하시고 수많은 무리를 먹이셨습니다. 아이의 마음이 얼마나 뿌듯하고 자랑스러웠겠습니까? 세상 누구보다 행복했을 것입니다.

그리고 또 한 부류의 사람이 있었습니다. 바로 그 아이의 부모님입니다. 성경은 아이의 부모가 그 자리에 있었다는 기록을 남기지 않습니다. 그러나 1세기 유대 사회의 문화를 살펴보면, 어린아이가 혼자 먼 길을 떠나거나 큰 모임에 참여하는 일은 거의 없었습니다. 반드시 가족과 함께 움직였습니다. 그렇다면 분명히 아이 곁에는 부모가 있었을 것입니다. 부모가 자기 아이가 들고간 도시락을 예수님께 드려 수많은 무리를 배부르게 하는 장면을 보았다면, 얼마나 자랑스럽고 대견했겠습니까? 저는 그 부모의 기쁨과 뿌듯함까지 상상해 보았습니다.

심령이 가난한 자의 복

오늘 본문에는 보리떡과 물고기를 먹으며 행복해하는 사람들의 이야기가 나옵니다. 그런데 이 보리떡은 당시 가난한 사람들의 주식이었습니다. 요즘은 보리떡을 건강식이라고 부르지만, 제 어린 시절 경험을 돌아보면 보리밥은 맛도 없고 거칠었습니다. 그 시절 서민들은 그것을 먹으며 살았습니다.

또 물고기라고 해도 큰 생선이 아니었습니다. 고등어가 아니라, 작은 멸치 같은 소박한 생선 두 마리였습니다. 얼마나 초라한 음식입니까? 오늘날 우리가 누리는 풍성한 음식과 비교하면 너무도 형편없었습니다. 그럼에도 불구하고 사람들은 그 보리떡과 작은 물고기를 먹으며 행복해했습니다. 그 모습을 떠올리니 제 어린 시절이 생각났습니다. 부족했지만, 함께 나누고 먹을 때 오히려 감사와 행복이 있었던 순간들 말입니다.

어린 시절, 어머니께서 국수를 밀 때면 저는 늘 그 곁에 있곤 했습니다. 어린 저는 어머니가 땀 흘리며 반죽을 하고, 가지런히 칼로 써는 모습을 지켜보면서 기다리는 것이 따로 있었습니다. 바로 썰고 남은 국수 꽁지였습니다. 그 꽁지를 받아 부엌 아궁이 불 위에 올려두면, 밀가루 반죽이 부풀어 오릅니다. 어떤 것은 터지고, 어떤 것은 시커멓게 재가 묻기도 했습니다. 그것을 집게로 꺼내 훅훅 불며 먹었는데, 그 맛이 얼마나 좋은지 모릅니다. 어린 시절의 소소한 행복이었습니다.

며칠 전 양평 쪽을 지나다 보니 길가에서 커피와 찐 옥수수를 팔고, 그 옆에서 옛날 술빵을 파는 것을 보았습니다. 문득 어린 시절 좋아하던 음식이 생각나 하나를 사서 먹어 보았습니다. 그러나 그때의 맛은 나지 않았습니다. 분명 더 좋은 재료로 만들었을 텐데도, 그 시절의 맛과는 달랐습니다. 제 입맛이 변했기 때문이겠지요.

　예수님 시대의 사람들은 보리떡과 작은 물고기를 먹으면서도 행복해했습니다. 그런데 우리는 왜 행복하지 않을까요? 마음의 기준이 높아졌기 때문입니다. 웬만한 음식을 먹어도 만족하지 못하고, 웬만한 좋은 일이 있어도 그저 피식 웃으며 지나갑니다. 결국 수많은 행복을 놓치며 살아가는 것입니다. 예수님께서는 마태복음 5장에서 팔복을 말씀하십니다. 그중 첫 번째 복이 바로 이것입니다. 함께 읽겠습니다.

> "심령이 가난한 자는 복이 있나니 천국이 그들의 것임이요"

　가장 큰 행복은 심령이 가난한 것, 곧 겸손한 마음을 가지는 데 있습니다. 마음을 낮추고 겸손한 자세를 가진 사람은 무엇을 해도 행복하고, 무엇을 받아도 감사합니다. 보리떡 하나를 먹어도 감사하고, 작은 멸치 두어 마리만 있어도 기뻐합니다. 우리의 마음을 조금만 낮추고, 마음을 조금만 겸손하게 내려놓으면 심령이 가난해집니다. 그러면 순간마다, 때마다 기뻐하고 감사하게 됩니다. 그때 세상이 눈물겹도록 아름답게 느껴지는 은혜를 경험하게 됩니다. 그래서 예수님은 "심령이 가난한 자가 복이 있다."라고 말씀하신 것입니다. 본문 속 사람들은 보리떡과 물고기만으로도 충분히 행복했습니다. 그 이유가 또 있습니다. 오늘 본문 11절을 보겠습니다.

> "예수께서 떡을 가져 축사하신 후에 앉아 있는 자들에게 나눠 주시고 물고기도 그렇게 그들의 원대로 주시니라"

예수님께서 보리떡 다섯 개와 물고기 두 마리를 한 아이에게 받아 축사하셨습니다. 그리고 앉아 있는 사람들에게 나누어 주셨습니다. 여기서 핵심은 무엇일까요? 바로 예수님께서 떡을 들고 감사하셨다는 것입니다. 보잘것없는 보리떡과 초라한 멸치 같은 물고기 두 마리였지만, 예수님은 그것을 들고 하나님께 감사하셨습니다. 그리고 그 감사를 받아든 사람들은 행복했고, 감격했습니다. 우리의 삶도 마찬가지입니다. 크고 대단한 것이 아니더라도 작은 것 하나에도 감사할 줄 아는, 심령이 가난한 자가 되기를 축복합니다.

그날 군중 속에 있던 아이는 누구보다 행복했습니다. 그리고 그 아이를 바라보던 부모는 얼마나 대견스럽고 뿌듯했겠습니까? 저는 이 사건 이후 이 아이의 인생이 어떻게 흘러갔을지가 늘 궁금합니다. 그러나 성경은 그에 대해 더 이상 기록하지 않습니다. 하지만 믿음의 상상으로 우리는 짐작할 수 있습니다. 그날 이후 이 아이의 삶은 분명 달라졌을 것입니다. 예수님을 직접 경험했으니, 그의 마음속에는 이렇게 각인되었을 것입니다.

"맞아, 그분은 하나님의 아들이야. 하나님께서 보내신 분이야."

자신이 드린 작은 도시락으로 오천 명이 배부르게 된 것을 눈으로 보았으니, 어찌 평생 이 일을 잊을 수 있었겠습니까? 아마 이 아이는 어른이 되어 시간이 날 때마다 사람들을 붙잡고 이렇게 말했을 것입니다. "내가 어릴 적에 말이야, 보리떡 다섯 개와 물고기 두 마리를 예수님께 드렸더니, 오천 명이 먹고도 남았어!" 그에게 예수님 이야기는 삶의 자랑이 되었을 것입니다.

선한 영향을 끼치는 사람

우리 인생의 목적은 중요한 사람이 되는 것이 아니라, 가치 있는 사람이 되는 것입니다. 세상은 흔히 사회적 지위와 명성, 재력으로 중요한 사람을 평가합니다. 그래서 명함에 회장, 과장, 부장,

시장, 국회의원과 같은 직함이 찍혀 있을 때 중요한 사람처럼 보입니다. 그러나 그것이 진정한 가치의 기준은 아닙니다. 가치 있는 사람, 소중한 사람은 내면의 풍요로움으로 결정됩니다. 겉으로는 미미해 보일지라도, 그 내면이 풍성한 사람은 어디에서든 소금처럼, 빛처럼 살아가며 사람들에게 선한 영향력을 미칩니다.

오늘 본문을 이런 관점에서 다시 보면, 그 자리에 중요한 사람은 어른들이었습니다. 제자들이었습니다. 그러나 소중한 사람, 가치 있는 사람은 한 아이였습니다. 바로 그 아이 때문에 수많은 사람이 배부르고 행복해질 수 있었기 때문입니다. 그렇습니다. 이 아이는 작지만, 아름답고 소중한 사람이었습니다. 그런데 우리는 흔히 이 땅에서 중요한 사람이 되기를 원합니다. 부모라면 자녀가 좋은 대학에 가고, 좋은 직장에 취직해, 많은 월급을 받고, 큰 집을 짓고 살기를 바랍니다. 이것이 잘못된 것은 아닙니다. 그러나 그것이 인생의 목적은 될 수 없습니다.

중요한 사람이 되어 높은 자리에 앉아 많은 돈을 버는 것은, 마치 오천 명이 먹을 수 있는 것을 혼자 다 가지려는 것과 같습니다. 그러나 가치 있는 사람은 다릅니다. 자신이 가진 작은 것을 드려 수많은 사람을 배부르게 하고 행복하게 합니다.

누가 더 가치 있는 사람입니까? 누가 더 하나님 나라에서 행복한 사람입니까? 중요한 사람이 되는 것이 죄는 아니지만, 소금과 빛으로 살아가며 더 많은 사람을 살리고, 예수의 이야기를 나누는 사람들이야말로 하나님 나라에서 참으로 소중한 사람입니다.

세상의 가치관은 "오천 명 분을 내가 다 가지겠다."는 것입니다. 그러나 그 한 아이는 자신이 먹을 작은 도시락을 드림으로써, 예수님의 손에 의해 오천 명을 배부르게 했습니다. 여러분, 누가 더 아름다운 사람입니까? 누가 더 행복한 사람입니까? 여러분은 어떤 사람이 되기를 원하십니까? 또 여러분의 자녀가 어떤 사람이 되기를 원하십니까? 저는 여러분과 여러분의 자녀들이 가치 있고 소중한 사람이 되기를 축복합니다. 부모의 기도는 반드시 자녀를 그렇게 만듭니다. 우리의 자녀가 사회적으로 중요한 사람도 되어야겠지만, 그보다 더 중요한 것은 소금과 빛으로서 선한 영향을 끼치는 소중한 사람이 되는 것입니다.

미국 역사상 가장 영향력 있는 부흥사를 꼽으라면 아마도 드와이트 무디일 것입니다. 그런데 무디는 어린 시절, 학교에서도 교회에서도 주목받지 못하는 소외된 아이였습니다. 그는 말도 서툴렀고 공부도 잘하지 못했습니다. 교회에 나가도 늘 구석에 앉아 웅크리고 있는 아이였습니다. 그런 무디에게 어느 날 선생님이 다가와 손을 잡고 이렇게 말해주었습니다.

"드와이트, 하나님이 너를 놀랍게 사용하실 거야. 하나님이 너를 너무 사랑하시기 때문에, 너는 하나님 앞에 크게 쓰임 받을 사람이야."

그 한마디 축복의 말이 어린 무디의 마음에 큰 용기가 되었습니다. 훗날 무디는 이렇게 고백했습니다.

"선생님의 그 말 한마디가 내 인생의 방향을 바꾸었습니다."

결국 그는 1억 명의 사람들에게 복음을 전한 위대한 부흥사가 되었습니다. 그 시대에 1억 명이라면 지금의 인구 규모로 따져도 어마어마한 숫자입니다. 남북한 인구를 다 합쳐도 미치지 못하는 규모입니다. 소외되었던 한 아이가 훗날 수많은 사람에게 복음을 전할 수 있었던 배경에는 선생님의 한마디 말이 있었습니다.

"무디야, 너는 하나님이 놀랍게 쓰실 사람이야."

그 격려의 말이 씨앗이 되어 무디의 인생 전체를 바꾸어 놓은 것입니다.

부모의 입에서 나오는 한마디 말이 자녀의 마음에 큰 용기가 되기도 하고, 때로는 그 말이 자녀의 미래를 결정짓는 예언적인 말이 되기도 합니다. 축복의 말은 자녀 마음속에 씨앗처럼 심겨져 자라납니다. 그러나 반대로 부모가 화가 나면 "아이고, 네 같은 걸 낳고 내가 미역국 먹었다."라는 말을 내뱉기도 합니다. 이런 말은 자녀의 마음을 깊이 상하게 합니다. 실제로 많은 부모들이 무심코 이런 저주의 말을 내뱉습니다. 저 역시 어린 시절, 어머니께서 화가 나실 때 그 말을 자주 하셨습니다. 제 아명(兒名)이 복, 그것도 상복이었음에도, 순간의 분노 속에 저주의 말이 어머니의 입에서 흘러나온 것입니다.

자녀에게 상처 준 부모는 반드시 회개해야 합니다. 억압하고 닦달하며 상처를 준 부모라면, 이제는 회개하고 자녀에게 축복의 말을 전해야 합니다. 자녀 앞에 눈물로 "내가 잘못했다"고 고백할 때, 그때 비로소 자녀의 마음속 응어리가 풀리게 됩니다. 그리고 그 축복의 말은 생명의 해독제가 되어 자녀를 다시 살립니다. 잠언 18장 21절은 말의 무게를 이렇게 전합니다.

> "죽고 사는 것이 혀의 힘에 달렸나니 혀를 쓰기 좋아하는 자는 혀의 열매를 먹으리라"

성경은 "죽고 사는 것이 혀의 힘에 달려 있다."라고 말씀합니다. 부모의 한마디가 자녀를 무너뜨릴 수도 있고, 반대로 예언적인 축복의 한마디가 자녀를 다시 세울 수도 있습니다. 그래서 우리는 언제나 자녀에게 이렇게 말해 주어야 합니다.

"사랑하는 아이야, 너는 아름답고 소중한 사람이야."

이 한마디 속에 큰 소망이 담겨 있습니다. 살아갈 힘이 담겨 있고, 넘어져도 다시 일어설 용기가 담겨 있습니다.

지난 토요일, 우리 교회 청년 1부와 2부 임원들과 함께 점심을 나누었습니다. 평소에 청년들에게 맛있는 것을 사주고 싶다는 마음은 있었지만, 말만 하고 실천을 못 했습니다. 그래서 그날은 마음을 정하고 "어차피 나도 밥은 먹어야 하니 점심시간에 함께 모이자." 하여 무한리필 고깃집에 갔습니다. "실컷 먹어라." 하니 청년들이 정말 기뻐했습니다.

저는 청년들과 함께 밥을 먹으며 그들의 마음을 느낄 수 있었습니다. 그들이 교회를 얼마나 사랑하는지 깊이 느꼈습니다. 젊은 나이에 교회를 사랑한다는 것은 참 귀한 마음입니다. 또한 목회자를 존중하는 마음을 가지고 있어 참 고마웠고, 이런 청년들이 우리 교회에 있다는 사실이 너무 행복했습니다. 마태복음 3장 17절을 보면, 성부 하나님께서 성자 예수님을 향해 이렇게 말씀하십니다.

> "하늘로부터 소리가 있어 말씀하시되 이는 내 사랑하
> 는 아들이요 내 기뻐하는 자라 하시니라"

많은 무리에게 둘러싸인 예수님을 향해 하늘에서 음성이 들렸습니다. "이는 내 사랑하는 아들이요, 내 기뻐하는 자라." 하나님께서 많은 사람 앞에서 예수님을 향한 사랑과 기쁨을 선포하신 것입니다. 오늘도 주님은 우리 각자에게 동일하게 말씀하십니다. "너는 나의 기쁨이야. 너는 나의 사랑이야. 너는 아름답고 소중한 사람이야." 사랑하는 여러분, 우리 한 사람 한 사람은 정말로 아름답고 소중한 존재입니다. 부모의 눈에 비친 자녀가 그렇듯이, 하나님의 눈에 비친 우리 또한 그렇습니다.

지난 목요일 저녁 무렵, 우리 노회 증경 노회장님 사모님께 전화가 왔습니다. 전화를 받자 사모님은 울먹이며 말씀하셨습니다. "목사님, 우리 목사님이 오늘 밤을 넘기기 힘들 것 같아요."

저는 너무 놀랐습니다. 마침 교회 집사님 중에 의사가 계셨는데, 그분이 노회장님을 살리겠다고 앰뷸런스를 불러 병원으로 모셨습니다. 그러나 의사의 말은 "오늘 밤을 넘기기 어렵다."는 것이었습니다.

사모님은 목사님께서 저를 사랑하셔서 제 음성을 듣고 싶어 하신다며 전화기를 목사님 귀에 대주셨습니다. 그런데 노회장님이 무언가 말씀을 하셨지만, 저는 알아듣지 못했습니다. 그래서 "목사님, 너무 힘드시면 말씀하지 않으셔도 됩니다. 제가 사모님과 통화하겠습니다."라고 말씀드리고는, 현 노회장님께 연락을 드려 함께 일산 병원으로 향했습니다. 그러나 병원 주차장에 도착했을 때, 사모님으로부터 또 한 통의 전화를 받았습니다. "목사님, 우리 목사님이 방금 천국에 가셨습니다."

제가 도착하기 20분 전에 소천하신 것이었습니다. 병실로 올라가 보니 온 가족들이 눈물을 흘리며 자리를 지키고 있었습니다. 남편이요, 아버지가 세상을 떠난 자리에 자녀들이 모여 함께 슬픔을 나누고 있었습니다. 그리고 어제, 장례식을 마무리했습니다.

사는 것이 그렇습니다. 의사가 아무리 애써도 사람의 생사여탈권은 하나님에게 있습니다. 우리가 아플 때는 병원에서 치료해 주는 의사가 분명히 중요한 사람입니다. 그러나 퇴원하고 나면 어떻습니까? 그때부터는 의사와는 아무 상관이 없습니다. 필요할 때만 중요한 사람이 되는 것입니다. 그러나 가치 있는 사람은 다릅니다. 우리 곁에서 함께 아파해 주고, 눈물 흘려 주고, 용기를 북돋아 주는 사람이 바로 가족입니다. 가족이야말로 우리에게 가장 소중한 사람이며, 진정으로 가치 있는 존재입니다.

우리는 흔히 중요한 사람이 되고 싶어 합니다. 마치 그것이 인생의 목적이고 행복의 길인 것처럼 살아갑니다. 하지만 그것이 우리에게 참된 행복을 주지는 않습니다. 행복은 늘 곁에 있는 소중한 사람에게서 옵니다. 어린아이같이 미미해 보이지만, 손잡아 주고, 울어 주고, 기도해 주는 사람이 바로 가치 있는 사람입니다. 사랑하는 여러분, 중요한 사람 때문에 행복한 것이 아닙니다. 우리의 행복은 미미해 보일지라도 곁에 있는 소중한 사람들 때문에 주어지는 것입니다. 본문 9절을 한 번 더 읽어보겠습니다.

"여기 한 아이가 있어 보리떡 다섯 개와 물고기 두 마리를 가지고 있나이다 그러나 그것이 이 많은 사람에게 얼마나 되겠사옵나이까"

그 자리에 중요한 사람들이 많이 있었습니다. 그러나 결국 모든 사람을 행복하게 만든 이는 이름 없는 한 아이였습니다. 한 아이의 작은 헌신으로 모두가 배부르고 기뻐했습니다. 사랑하는 하남교회 성도 여러분, 여러분도 이처럼 아름답고 소중한 사람이 되시기를 축복합니다. 우리의 존재와 작은 헌신 때문에 다른 사람들이 행복해질 수 있습니다.

   그 한 아이가 곧 우리 자신입니다. 이 땅에 사는 우리가 바로 그 아이입니다. 우리가 예수님의 손에 붙들릴 때, 나 하나만 행복한 것이 아니라 모든 사람이 나로 인해 행복해질 것입니다. 여러분 곁에는 이미 행복을 주는 소중한 사람들이 있습니다. 그들을 다시 돌아보십시오. 그리고 여러분의 가정이 다시금 푸르고 푸른, 행복의 정원 같은 가정이 되기를 예수님의 이름으로 축복합니다.

11장

해석을 바꾸면
결과가 달라진다

¹⁶ 여호와의 궤가 다윗 성으로 들어올 때에 사울의 딸 미갈이 창으로 내다보다가 다윗 왕이 여호와 앞에서 뛰놀며 춤추는 것을 보고 심중에 그를 업신여기니라 ¹⁷ 여호와의 궤를 메고 들어가서 다윗이 그것을 위하여 친 장막 가운데 그 준비한 자리에 그것을 두매 다윗이 번제와 화목제를 여호와 앞에 드리니라 ¹⁸ 다윗이 번제와 화목제 드리기를 마치고 만군의 여호와의 이름으로 백성에게 축복하고 ¹⁹ 모든 백성 곧 온 이스라엘 무리에게 남녀를 막론하고 떡 한 개와 고기 한 조각과 건포도 떡 한 덩이씩 나누어 주매 모든 백성이 각기 집으로 돌아가니라 ²⁰ 다윗이 자기의 가족에게 축복하러 돌아오매 사울의 딸 미갈이 나와서 다윗을 맞으며 이르되 이스라엘 왕이 오늘 어떻게 영화로우신지 방탕한 자가 염치 없이 자기의 몸을 드러내는 것처럼 오늘 그의 신복의 계집종의 눈앞에서 몸을 드러내셨도다 하니 ²¹ 다윗이 미갈에게 이르되 이는 여호와 앞에서 한 것이니라 그가 네 아버지와 그의 온 집을 버리시고 나를 택하사 나를 여호와의 백성 이스라엘의 주권자로 삼으셨으니 내가 여호와 앞에서 뛰놀리라 ²² 내가 이보다 더 낮아져서 스스로 천하게 보일지라도 네가 말한 바 계집종에게는 내가 높임을 받으리라 한지라 ²³ 그러므로 사울의 딸 미갈이 죽는 날까지 그에게 자식이 없느니라

(삼하 6:16-23)

우리 삶의 여정 속에는 똑같은 상황인데도 해석을 전혀 다르게 할 때가 많습니다. 같은 상황인데도 어떤 사람은 불안해하고, 또 어떤 사람은 오히려 감사로 받아들입니다. 똑같은 현실이지만 해석에 따라 결과가 달라집니다. 그리고 그 해석이 그 사람의 인생을 만들어 갑니다.

인생이라는 항해 속에 얼마나 많은 바람이 불어옵니까? 맞바람이 불어오고, 때로는 환란의 바람, 시련의 바람이 몰아칩니다. 우리는 그 바람을 잠재우거나 바꿀 수 없습니다. 지혜로운 사람은 바람을 바꾸려 하지 않습니다. 대신에 인생의 돛의 방향을 바꿉니다.

돛의 방향을 바꾸기

우리는 흔히 어떤 상황이 발생하면 상황 자체를 바꾸려고 애씁니다. 그러다 그것이 되지 않을 때 낙망하고, 주저앉고, 결국 포기하기도 합니다. 행복한 사람은 좋은 환경에 처한 사람이 아닙니다. 좋은 마음의 태도를 가진 사람, 올바른 마인드셋(mindset)을 가진 사람이 행복한 사람입니다.

이 마음의 태도가 바로 삶을 해석하는 힘이 됩니다. 어떤 상황이 와도 그 상황을 긍정적으로 해석할 때, 우리는 하나님의 은혜의 길을 끝까지 걸어갈 수 있습니다. 옛날 어른들이 자주 부르던 찬송가에도 이런 고백이 있습니다.

"고요한 바다로 저 천국을 향할 때, 주 내게 순풍 주시니 참 감사합니다."

순풍을 주시니 얼마나 좋겠습니까? '큰 물결 일어나 나 쉬지 못하나 이 풍랑으로 인하여' 그다음 가사가 뭘까요? '더 빨리 갑니다.'입니다. 그렇습니다. 풍랑을 없애려고 애쓸 것이 아니라, 돛의 방향을 바꾸면 오히려 그 바람을 이용해 더 빨리 갈 수 있습니다. 상황은 바꿀 수 없어도, 그 상황에 대한 해석은 바꿀 수 있습니다. 같은 상황이라도 어떻게 해석하느냐에 따라 전혀 다른 삶을 살게 됩니다. 그래서 오늘 설교 제목이 '해석을 바꾸면 결과가 달라진다.'입니다.

제가 가끔 소개하는 맥스웰 몰츠(Maxwell Maltz)는 독일계 미국인 성형외과 의사입니다. 그가 저술한 『성공의 법칙』이라는 책에는 마인드셋(mindset)이 얼마나 중요한지가 잘 설명되어 있습니다.

어느 독일 남자는 얼굴에 선명한 칼자국을 가지고 있었습니다. 다른 사람 눈에는 흉한 상처로 보였지만, 그는 그것을 용맹의 흔적, 정의로운 싸움의 흔적이라 여기며 자부심을 가지고 당당하게 살아갔습니다. 반면, 한 미국인은 교통사고로 얼굴에 상처를 입은 뒤 그 상처를 부끄럽게 여기며 살아갔습니다. 결국 상처 때문에 마음이 무너지고, 우울증 증상까지 생겼습니다. 똑같이 얼굴에 상처가 있는데, 왜 한 사람은 당당하고 한 사람은 절망했을까요? 그 차이는 바로 마인드셋입니다. 상처를 어떻게 해석하느냐에 따라 삶의 결과가 달라진 것입니다.

우리는 흔히 "생긴대로 산다."고 말하지만, 사실은 생각대로 살아갑니다. 키가 크면 큰 대로, 작으면 작은 대로 사는 것이 아니라, 생각하는 대로 살아가는 것입니다. 그 생각이 인생을 해석하고, 결국 그 해석에 따라 삶이 달라집니다. 이것이 바로 마인드셋의 힘입니다.

그래서 우리는 계속해서 '마인드 시프트(mindset shift)' 마인드셋의 전환을 이야기하고 있습니다. 해석만 바꿔도 우리의 삶은 달라집니다. 그렇다면 질문이 남습니다. 무엇이 우리의 인생 해석을 바꾸어 주는가입니다.

기뻐하는 사람, 업신여기는 사람

저는 오늘 다윗의 이야기를 나누어보려고 합니다. 하나님의 궤가 다윗성으로 들어옵니다. 법궤가 다윗성으로 오는 것을 보고 다윗은 너무 기뻐서 하나님의 임재 앞에서 춤을 춥니다. 온 백성도 환호하며 기뻐합니다. 오늘 본문 14-15절입니다.

> "다윗이 여호와 앞에서 힘을 다하여 춤을 추는데 그때에 다윗이 베 에봇을 입었더라 다윗과 온 이스라엘 족속이 즐거이 환호하며 나팔을 불고 여호와의 궤를 메어 오니라"

이 상황을 상상해 보십시오. 한 나라의 왕이 하나님의 궤 앞에서 펄쩍펄쩍 뛰며 춤을 추고, 온 백성이 소리치며 나팔을 불고 축제를 벌입니다. 그 기쁨이 얼마나 크고 뜨거웠을까요?

우리도 그와 비슷한 기쁨을 경험했던 순간이 있었습니다. 바로 2002년 월드컵입니다. 온 나라가 붉은 옷을 입고 거리로 나와 "와~!" 하며 함성을 질렀습니다. 저는 당시 미국에 있었지만, TV 화면 속 한국은 온통 붉은 물결이었고, 열광의 도가니였습니다.

그때 우리가 맞붙은 팀은 강호 이탈리아였습니다. 실력으로는 이기기 어려운 상대였습니다. 그런데 온 국민이 한마음으로 외치며 응원하던 끝에, 후반전 종료 직전 동점골을 넣어 1대 1이 되었고, 연장전에 돌입했습니다. 당시 연장전은 골든골 제도가 있어 먼저 골을 넣는 팀이 그대로 승리했습니다. 그리고 극적인 순간, 안정환 선수가 헤딩으로 골든골을 성공시켰습니다. 그 순간, 나라는 온통 환희로 뒤집어졌습니다.

사람이 너무 기쁘면 조용히 앉아 "좋네."라고만 하지 않습니다. 일어서서 뛰고 소리치며 기쁨을 표현합니다. 저는 그 장면을 보며, 언약궤가 들어올 때 다윗과 이스라엘 백성들이 얼마나 감격하며 기뻐했는지를 상상할 수 있었습니다.

다윗은 하나님으로 인해 기뻐했고, 그 기뻐 뛰는 다윗을 바라보는 하나님 아버지의 마음도 분명히 기쁘셨을 것입니다. 자녀가 자라는 모습을 보며 부모가 기뻐하듯, 하나님도 다윗과 백성들의 기쁨을 기뻐하셨습니다.

그런데 온 백성이 기뻐 뛰며 즐거워하는 그 순간, 전혀 다른 눈으로 그 광경을 바라보는 사람이 있었습니다. 바로 미갈입니다. 미갈은 창문 너머로 그 모습을 보며 다윗을 업신여겼습니다. 똑같은 상황이었지만 해석이 달랐습니다. 기뻐 춤추는 사람이 있었고, 그것을 업신여기는 사람이 있었습니다. 오늘 본문 16절은 바로 그 장면을 전해 줍니다.

> "여호와의 궤가 다윗 성으로 들어올 때에 사울의 딸 미갈이 창으로 내다보다가 다윗 왕이 여호와 앞에서 뛰놀며 춤추는 것을 보고 심중에 그를 업신여기니라"

여호와의 궤가 다윗 성으로 들어오자, 온 백성이 기뻐하며 뛰었습니다. 그런데 그 모습을 다윗의 아내이자 사울의 딸 미갈이 창문으로 바라보다가, 다윗이 여호와 앞에서 춤추는 것을 보고 마음속으로 그를 업신여겼습니다. 본문은 이렇게 말합니다. "춤추는 것을 보고 심중에 업신여겼다." 여기에서 중요한 점은, 사람의 눈은 단순히 보는 데서 끝나지 않는다는 것입니다. 보고 난 후에 심중에서 해석하고 판단한다는 것입니다.

카메라는 있는 그대로를 담습니다. 사진 속 얼굴은 그대로 '나'입니다. 그러나 사람의 눈은 단순히 있는 대로만 보지 않습니다. 보고 난 후 생각의 필터를 거쳐 해석합니다. 그리고 그 해석에 따라 판단을 내립니다. 미갈은 다윗을 보면서 속으로 이미 판결을 내려버렸습니다. 그래서 그를 업신여기게 된 것입니다.

하나님의 궤가 들어올 때, 모든 백성이 기뻐했는데, 미갈은 업신여겼습니다. 하나님이 기뻐하시는 일을 미갈은 멸시한 것입니다. 하나님은 다윗이 춤추는 것을 기뻐하셨는데, 미갈은 그것을 업신여겼습니다. 그 결과는 무엇이었을까요? 본문 23절은 이렇게 말씀합니다.

> "그러므로 사울의 딸 미갈이 죽는 날까지 그에게 자식이 없으니라"

사울의 딸 미갈은 죽는 날까지 자식이 없었다고 성경은 기록합니다. 오늘날 우리는 자녀가 없을 때 의학적, 건강상의 문제로 해석합니다. 그것은 부끄러운 일이 아닙니다. 그러나 당시 이스라엘의 문화에서 자식은 곧 자랑이었고, 자식이 없다는 것은 수치로 여겨졌습니다. 성경 속 유대 문화에서도 자식은 하나님의 축복의 상징이었습니다. 따라서 미갈에게 자식이 없었다는 말은, 곧 하나님의 축복에서 제외된 안타까운 결과를 의미합니다.

게다가 미갈은 왕비였습니다. 왕의 아내로서 자녀를 낳았다면, 그 자녀는 왕위를 계승할 권리를 가졌을 것입니다. 잘못된 해석 하나가 하나님의 축복을 잃어버리게 만든 것입니다.

반면 다윗은 달랐습니다. 법궤 앞에서 춤추듯, 평생 하나님으로 인해 기뻐하며 살았습니다. 그렇다고 다윗의 인생이 평탄했던 것은 아닙니다. 오히려 고난이 많았습니다. 젊은 날에는 사울

왕이 죽이려 하여 도망자의 삶을 살아야 했습니다. 쫓기며 떠도는 신세였습니다. 여러분, 도망가는 사람과 쫓아오는 사람 중 누가 더 강합니까? 일반적으로는 쫓아오는 사람이 강한 것처럼 보입니다. 그러나 성경은 신비롭게 말합니다. 사무엘하 3장 1절은 이렇게 증언합니다.

"사울의 집과 다윗의 집 사이에 전쟁이 오래매 다윗은 점점 강하여 가고 사울의 집은 점점 약하여 가니라"

외적으로는 약해 보이고 도망다니는 자였지만, 하나님이 함께하신 다윗은 점점 강해져 갔습니다. 반대로 힘이 있어 보이고 권세를 가진 것 같았던 사울의 집은 점점 약해져 갔습니다. 여기서 "점점"이라는 표현이 중요합니다. 한번에 일어난 변화가 아니라, 조금씩 강해지고, 조금씩 약해져 간 것입니다. 그렇다 보니 당사자들은 그 변화를 잘 느끼지 못했을 것입니다. 사랑하는 여러분, 믿음의 사람은 평생을 하나님의 은혜 가운데 인도받는 줄 믿으시기 바랍니다. 도망자 같고 힘없던 다윗이 점점 강해진 이유가 무엇입니까? 바로 해석이 달랐기 때문입니다.

그렇다면 우리는 어떻게 하면 좋은 믿음의 해석을 할 수 있을까요? 특별한 능력을 가진 사람만이 아니라, 누구나 할 수 있는 방법이 있습니다. 그것은 바로 언어를 연습하는 것입니다. 믿음의 언어, 감사의 언어, 축복의 언어를 날마다 훈련하는 것입니다. 오늘 본문 16절을 다시 보십시오.

> "여호와의 궤가 다윗 성으로 들어올 때에 사울의 딸 미갈이 창으로 내다보다가 다윗 왕이 여호와 앞에서 뛰놀며 춤추는 것을 보고 심중에 그를 업신여기니라"

미갈은 다윗 왕이 여호와 앞에서 뛰며 춤추는 모습을 보았습니다. 그리고 속으로 이렇게 생각했습니다. '아이고, 저 양반 왜 저래? 부끄럽게 왜 저래?'

심중의 이야기였지만, 거기서 끝나지 않았습니다. 그 마음속 이야기를 입으로 내뱉고 맙니다. 20절을 보면, 미갈이 다윗에게 이렇게 말합니다. "방탕한 자가 염치없이 자기 몸을 드러낸 것처럼, 오늘 그의 심복의 계집종 눈앞에서 몸을 드러내셨도다."

마음에 있던 업신여김이 결국 말로 터져 나온 것입니다. 사랑하는 여러분, 마음에 있는 이야기는 누구나 있습니다. 그러나 그것을 어떻게 표현하느냐가 중요합니다. 마음에 들지 않아도 입술로는 좋은 말을 할 수 있습니다. 부모가 자녀를 대할 때도 마찬가지입니다. 자녀를 보면서 속이 터지는 부분이 있더라도, 다 발설하지 않습니다. 겉으로는 좋은 말을 해줍니다. 왜 그럴까요? 자녀를 살리기 위해서입니다. 부모 마음이 썩어야 좋은 부모가 되는 것입니다.

사람을 만날 때도 그렇습니다. 속으로는 마음에 안 들어도 굳이 표현하지 않습니다. 하고 싶은 말을 다 해버리는 사람은 주변에 사람이 남지 않습니다. 심중에 있는 생각은 묻어두고, 좋은 말을 건네야 관계가 유지됩니다. 이것이 바로 연습해야 할 삶의 태도입니다. 말은 신비로운 힘을 가졌습니다. 말은 판단을 굳히고, 결론을 내리고, 결국 삶의 방향을 확정 짓습니다.

이해인 수녀님이 쓴 시 가운데 「나를 키우는 말」이라는 제목의 아름다운 시가 있습니다. 그 시는 우리가 어떤 말을 하며 사는지가 곧 우리 자신을 키워 간다는 메시지를 전합니다.

행복하다고 말하는 동안은

나도 정말 행복해서

마음에 맑은 샘이 흐르고

고맙다고 말하는 동안은

고마운 마음이 새로이 솟아올라

내 마음도 더욱 순해지고

아름답다고 말하는 동안은

나도 잠시 아름다운 사람이 되어

마음 한 자락이 환해지고

좋은 말이 나를 키우는 걸

나는 말하면서

다시 알지

    우리의 마음은 그렇지 않을지라도, 입술로 "참 좋다."라고 말하면 그 말이 우리 안에서 감정을 바꾸어 줍니다. "참 감사하다."라고 말하면 감사의 감정이 솟아오릅니다. 심중의 생각이 달라도, 입술의 말이 오히려 마음을 지배하게 되는 것입니다. 그래서 중요한 것은 표현을 바꾸는 것입니다. 마음에 있는 말을 다 한다고 좋은 것이 아닙니다. "나는 마음에 없는 말은 못 해."라고 말하는 사람이 있습니다. 그러나 그것은 자기만 정의롭다는 태도입니다. 그런 사람 곁에는 사람이 남지 않습니다.

표현을 바꾸면 감정이 달라집니다. 아름다운 단어를 말하면 아름다운 감정이 솟아납니다. 그러므로 우리는 계속해서 좋은 말을 연습해야 합니다. 그렇다면 다윗은 어떻게 건강한 마인드셋을 가질 수 있었을까요? 어떻게 좋은 마음의 태도를 유지할 수 있었을까요? 오늘 저는 두 가지를 말씀드리고 싶습니다. 그 첫 번째가 바로 시편 119장 11절 말씀입니다.

> "내가 주께 범죄하지 아니하려 하여 주의 말씀을 내 마음에 두었나이다"

다윗은 사람을 잘못 판단하거나 해석하는 죄를 짓지 않기 위해서, 주의 말씀을 마음에 두었다고 고백합니다. 우리가 마음에 두는 것이 곧 우리의 삶이 됩니다. 마음에 악한 생각과 더러운 것들을 담아 두면, 결국 더러운 인생을 살 수밖에 없습니다. 그러나 주의 말씀을 마음에 담아 두면, 그 말씀대로 살아가게 됩니다.

하나님의 말씀을 마음에 담아 두면, 의식 세계뿐 아니라 무의식 세계까지 스며들어 갑니다. 그 말씀은 우리의 내면을 든든하게 세우고, 점점 밝게 만듭니다. 그래서 눈이 열리고 세상을 아름답게 보기 시작하는 것입니다. 마치 좋은 음식을 먹으면 몸이 건강해지듯, 주의 말씀을 마음에 두면 내면세계가 건강해집니다.

시편 1장 2절은 이렇게 말합니다.

> "오직 여호와의 율법을 즐거워하여 그의 율법을 주야로 묵상하는도다"

복 있는 사람은 주의 말씀을 마음에 둡니다. 그렇다면 말씀을 어떻게 마음에 둘 수 있을까요? 바로 여호와의 율법을 즐거워하며, 주야로 그 말씀을 묵상하는 것입니다. 말씀을 단순히 스쳐 지나가는 것이 아니라, 마음에 담아두고 되새김질하는 것입니다. 소가 여물을 씹듯이, 말씀을 곱씹으며 생각하고 또 생각하는 것입니다. 그렇게 되면 우리의 온 의식이 하나님의 말씀에 지배받게 됩니다.

시냇가에 심은 나무처럼

우리 교회는 정말 좋은 교회입니다. 좋은 이유를 들자면 많지만, 그중 가장 중요한 이유는 하나님의 말씀을 따라가는 교회라는 것입니다. 우리는 매일 새벽마다 「생명의 삶」을 펴고 말씀을 묵상합니다. 본문에 동그라미 치고, 밑줄 긋고, 메모하며 말씀을 붙잡습니다. 아무것도 아닌 작은 습관 같지만, 큰 힘이 됩니다. 매일매일 말씀을 묵상하며 마음에 두고, 그것이 쌓여가면 우리 안에 힘이 생깁니다. 그럴 때 우리도 다윗처럼 점점 강해져 갑니다. 눈에 띄게 확 드러나는 변화는 아닐지라도, 서서히 그러나 분명히 우리의 내면이 건강해져 갑니다. 성경은 이런 사람을 어떻게 표현할까요? 시편 1장 3절은 이렇게 말씀합니다.

"그는 시냇가에 심은 나무가 철을 따라 열매를 맺으며 그 잎사귀가 마르지 아니함 같으니 그가 하는 모든 일이 다 형통하리로다"

시편 기자 다윗의 고백은 시적이고 아름답습니다. 여기서 그는 누구입니까? 하나님의 말씀을 마음에 두는 사람입니다. 그는 시냇가에 뿌리내린 나무처럼 계절을 따라 열매를 맺습니다. 봄에는 꽃이 피고, 여름에는 열매가 자라며, 가을에는 열매가 익어 갑니다. 인생도 마찬가지입니다. 20대에는 20대의 열매가 있고, 30대에는 30대의 열매가 있으며, 인생의 말년에도 그 나이에 걸맞은 열매를 맺게 됩니다.

또한, 그 잎사귀가 마르지 않습니다. 시냇가에 심겨 있기 때문입니다. 늘 말씀의 은혜에 뿌리를 두고 있기 때문입니다. 그래서 성경은 말합니다. "그가 하는 모든 일이 다 형통하리로다." 힘들고 어려운 것 같아도 결국은 형통의 길, 곧 하나님을 향한 길로 가게 된다는 것입니다. 이것이 바로 말씀을 마음에 두는 사람, 곧 다윗의 삶이었습니다. 다윗은 세상의 것을 많이 가져서 행복한 것이 아니었습니다. 주의 말씀을 마음에 두었기 때문에 그의 마음이 든든했고, 마인드셋이 건강해진 것입니다. 그렇다면 두 번째로, 다윗은 어떻게 자기 내면의 세계를 건강한 마인드셋으로 지켜갈 수 있었을까요? 그 답이 시편 5장 3절에 나옵니다.

> "여호와여 아침에 주께서 나의 소리를 들으시리니 아침에 내가 주께 기도하고 바라리다."

이 짧은 한 구절 속에 '아침'이라는 단어가 두 번 반복됩니다. 다윗은 하루의 문을 열 때마다 하나님의 이름을 부르는 기도로 시작했습니다. "아침에 내가 주께 기도하고 바라리이다." 다윗은 하루를 기도로 열고, 하나님의 도우심을 기대하며 하루를 시작했습니다. 오늘 하루 내게 어떤 일이 생길까, 주님께서 어떻게 역사하실까 바라보며 하루를 여니, 그의 삶은 날마다 아름다울 수밖에 없었습니다. 다윗은 단순히 말씀을 마음에 두어 든든함을 얻은 사람일 뿐 아니라, 늘 주님의 이름을 부르며 기도한 사람이었습니다. 말씀과 기도로 그의 내면은 날마다 새로워졌고, 그렇게 그는 점점 강해져 갔습니다. 시편 55장 17절은 이렇게 말합니다.

> "저녁과 아침과 정오에 내가 근심하여 탄식하리니 여호와께서 내 소리를 들으시리로다"

다윗은 아침에만 기도하지 않았습니다. 저녁과 아침과 정오, 하루 세 번씩 주님의 이름을 불렀습니다. 그는 언제나 기도로 하루를 열고, 또 기도로 하루를 이어 갔습니다. 성경은 다윗이 기도할 때 늘 "근심하며 탄식했다."라고 말합니다. 다윗은 어려움이 전혀 없는 사람이 아니었습니다. 오히려 기가 막힌 문제와 근심거리, 탄식할 일들이 늘 있었습니다. 그러나 중요한 것은 그가 문제 속에 함몰되지 않았다는 것입니다. 어떤 상황에서도 하루 세 번 주님께 나아가 기도하는 루틴을 지켰습니다. 이것이 바로 영적인 사람들의 루틴입니다.

다니엘도 그랬습니다. 그는 바벨론의 포로 신세였고, 아무것도 할 수 없는 처지였습니다. 그러나 다니엘은 하루 세 번, 예루살렘을 향해 창문을 열고 기도했습니다. 저녁과 아침과 정오에 하나님 앞에 무릎 꿇는 일을 멈추지 않았습니다. 근심과 탄식거리가 있었지만, 그는 기도를 통해 그 문제에 빠져들지 않았습니다. 오히려 기도를 통해 내면이 점점 강해지고, 건강한 마인드셋을 가질 수 있었습니다.

미국 UCLA의 셀리 테일러 교수는 『긍정적인 착각』이라는 책에서 흥미로운 연구 결과를 소개합니다. 보통 우리는 '착각'이라는 말을 부정적으로 사용합니다. 그러나 그는 그 앞에 '긍정적'이라는 말을 붙여 긍정적인 착각의 힘을 말합니다. 연구에서 이런 실험을 했습니다. 하얀 도화지 위에 손을 그리되, 손가락을 다섯 개가 아니라 네 개만 그려 놓습니다. 그리고 다섯 살짜리 아이에게 물어봅니다.

"얘야, 손가락이 네 개밖에 없지? 10년이 지나면 이 손이 어떻게 될 것 같니?"

대부분의 똑똑한 아이들은 이렇게 대답합니다.

"그대로죠. 네 개 그대로예요."

우리는 이런 아이를 이성적이고 똑똑하다고 말합니다. 그런데 어떤 아이는 이렇게 대답합니다.

"10년 후에는 손가락이 자라서 다섯 개가 될 거예요."

이것이 바로 긍정적인 착각입니다. 테일러 교수의 결론은 놀랍습니다. 손가락이 다섯 개가 된다고 믿는 아이들, 즉 긍정적인 착각을 하는 아이들이 훨씬 더 지능이 높고, 인생도 풍요롭게 살아간다는 것입니다. 그는 이렇게 말합니다.

"인간을 행복하게 하고 발전하게 만드는 힘은 긍정적인 착각에 있다."

우울증 환자는 착각하지 않는다고 합니다. 너무 치열하고 냉철하게 현실만 보기 때문에 긍정적인 착각을 할 수 없기 때문이랍니다. 그래서 우울증 환자는 현실에 그대로 함몰되고 맙니다. 그러나 믿음의 사람들은 다릅니다. 오늘 아무것도 없는 것 같아도 믿음의 눈으로 바라봅니다. 없는 것을 있는 것처럼 바라보는 눈, 그것이 곧 성경이 말하는 믿음입니다. 믿음은 단순한 착각이 아니라, 하나님께서 이루실 미래를 오늘 붙잡는 긍정적인 믿음의 시선입니다.

아무것도 염려하지 말라

예수님은 마가복음 9장 23절에서 이렇게 말씀하셨습니다.

"할 수 있거든이 무슨 말이냐? 믿는 자에게는 능히 하지 못할 일이 없느니라." 믿음의 사람은 눈에 보이는 현실만 해석하지 않습니다. 손가락이 네 개뿐인데 다섯 개가 될 것을 바라보는 것처럼, 믿음의 눈으로 하나님의 가능성을 바라봅니다. 이성으로는 불가능합니다. 그러나 믿음 안에서는 모든 것이 가능합니다. 다윗의 삶을 보십시오. 그는 왕이 되기 전 수없이 죽음의 고비를 넘겼습니다. 사울이 창을 던져 죽이려 할 때, 도망 다닐 때, 원수들의 칼날 앞에 섰을 때마다 인간적으로는 끝장난 것 같았습니다. 그러나 그는 믿음의 눈으로 하나님을 바라보았습니다. 시편 23장 4절에서 이렇게 고백합니다.

"내가 사망의 음침한 골짜기로 다닐지라도 해를 두려워하지 않을 것은 주께서 나와 함께 하심이라 주의 지팡이와 막대기가 나를 안위하시나이다"

다윗은 '사망의 음침한 골짜기'를 지나간다고 고백합니다. 이는 곧 죽음의 골짜기, 끝나버릴 것 같은 절망의 자리입니다. 그는 한두 번이 아니라 여러 차례 그곳을 통과해야 했습니다. 그러나 그때마다 두려움에 사로잡히지 않았습니다. 상황을 다르게 해석했기 때문입니다. '주께서 나와 함께하신다.'는 믿음의 해석이 고난 가운데서도 다시 일어나게 만드는 힘이 된 것입니다.

사랑하는 여러분, 믿음의 사람, 기도하는 사람은 어떤 상황 속에서도 믿음의 해석을 합니다. 그러면 고난이 우리를 무너뜨리지 못합니다. 오히려 일어서게 만드는 유익이 됩니다. 풍랑으로 인해 더 빨리 항구에 도달할 수 있는 것처럼, 고난조차 하나님의 은혜의 통로가 될 수 있는 것입니다. 그래서 해석을 바꾸면 결과가 달라집니다.

빌립보서 4장 6-7절은 기도하는 사람에게 주시는 하나님의 약속의 말씀입니다.

> "아무 것도 염려하지 말고 다만 모든 일에 기도와 간구로, 너희 구할 것을 감사함으로 하나님께 아뢰라 그리하면 모든 지각에 뛰어난 하나님의 평강이 그리스도 예수 안에서 너희 마음과 생각을 지키시리라"

우리의 마음과 생각, 곧 건강한 마인드셋은 어디에서 나올까요? 그것은 하나님의 평강에서 옵니다. 그리스도 예수 안에서 하나님의 평강이 우리의 마음과 생각을 지켜 주시기 때문에, 기도하는 사람은 어떤 상황에서도 두려워하지 않고 다시 일어설 수 있습니다.

성경은 말합니다. "아무것도 염려하지 말라." 아무리 염려해도 문제가 해결되지 않습니다. 염려는 해답을 주지 못합니다. 그러나 기도하고, 주님의 이름을 부르고, 주님을 바라보면 용기가 생기고 믿음이 솟아납니다. 그때 믿음의 해석이 가능해집니다.

사랑하는 여러분, 모든 상황 속에서 문제만 바라보지 말고 하나님을 바라보시기 바랍니다. 해석이 바뀌면 인생이 바뀝니다. 믿음의 눈으로 세상을 바라보고, 믿음으로 해석할 때 어떤 환란의 바람이 불어도, 어떤 고난이 닥쳐와도 우리는 주님 안에서 승리할 수 있습니다.

주님을 바라보는 믿음의 해석으로 인생이 새롭게 시작되는 은혜를 누리시기를 축복합니다.

12장

감사는 은혜에 대한
아름다운 응답이다

¹¹ 내가 오늘 네게 명하는 여호와의 명령과 법도와 규례를 지키지 아니하고 네 하나님 여호와를 잊어버리지 않도록 삼갈지어다 ¹² 네가 먹어서 배부르고 아름다운 집을 짓고 거주하게 되며 ¹³ 또 네 소와 양이 번성하며 네 은금이 증식되며 네 소유가 다 풍부하게 될 때에 ¹⁴ 네 마음이 교만하여 네 하나님 여호와를 잊어버릴까 염려하노라 여호와는 너를 애굽 땅 종 되었던 집에서 이끌어 내시고 ¹⁵ 너를 인도하여 그 광대하고 위험한 광야 곧 불뱀과 전갈이 있고 물이 없는 간조한 땅을 지나게 하셨으며 또 너를 위하여 단단한 반석에서 물을 내셨으며 ¹⁶ 네 조상들도 알지 못하던 만나를 광야에서 네게 먹이셨나니 이는 다 너를 낮추시며 너를 시험하사 마침내 네게 복을 주려 하심이었느니라 ¹⁷ 그러나 네가 마음에 이르기를 내 능력과 내 손의 힘으로 내가 이 재물을 얻었다 말할 것이라 ¹⁸ 네 하나님 여호와를 기억하라 그가 네게 재물 얻을 능력을 주셨음이라 이같이 하심은 네 조상들에게 맹세하신 언약을 오늘과 같이 이루려 하심이니라 ¹⁹ 네가 만일 네 하나님 여호와를 잊어버리고 다른 신들을 따라 그들을 섬기며 그들에게 절하면 내가 너희에게 증거하노니 너희가 반드시 멸망할 것이라 ²⁰ 여호와께서 너희 앞에서 멸망시키신 민족들 같이 너희도 멸망하리니 이는 너희가 너희의 하나님 여호와의 소리를 청종하지 아니함이니라

(신 8:11-20)

감사는 맑은 아침 공기가 가슴에 스며드는 것 같고,

햇살이 뜰을 밝히듯 따사롭다.

누구에게 고마워서가 아니라 살아있음이 낯설고

오늘이 주어진 것만으로 벅차서 그저 감사가 물결친다.

지나온 모든 날에 혹독한 추위도 있었고

불청객 같은 슬픔도 있었지만

그 속에서 내가 견디고 배우고 커왔기에

그 모든 것에 고맙다.

그리고 아직 오지 않은 날들에도 살포시 기대하며

내 앞에 놓인 새 계절을 감사로 맞이한다.

감사는 우리 마음을 부유하고, 따뜻하며, 여유롭게 만듭니다. 맥추감사주일을 맞이하며 저는 이렇게 적었습니다. "감사는 은혜에 대한 응답이다." 그렇다면 감사는 어떤 응답일까요? 아름다운 응답입니다. 하나님의 은혜에 대하여 아름답게 반응하고 응답하는 것, 그것이 진정한 감사가 아닐까요?

감사로 예배하는 자

행복한 사람은 감사하는 사람입니다. 반대로 불행한 사람은 불평하는 사람입니다. 이 사실은 너무도 분명합니다. 아무리 많은 것을 소유하고 좋은 환경 속에 산다고 할지라도, 감사하지 않으면 그것은 결국 자신의 것이 되지 않습니다. 오직 감사하는 사람이 진정으로 행복한 사람입니다. 더 나아가, 자신에게 베풀어 주신 하나님의 은혜를 감사로 응답하는 사람에게 하나님께서는 복을 주십니다. 어떤 복을 주실까요? 그 답을 시편 50장 23절에서 말씀하고 있습니다.

"감사로 제사를 드리는 자가 나를 영화롭게 하나니 그의 행위를 옳게 하는 자에게 내가 하나님의 구원을 보이리라"

시편 기자는 '감사의 제사'를 말씀합니다. 오늘날 제사를 드린다는 것은 곧 예배를 의미합니다. 우리가 감사로 하나님께 예배할 때, 하나님은 그 예배를 기뻐하시며 우리를 통해 영광을 받으십니다. 또한 하나님을 영화롭게 하는 자에게 하나님의 구원을 보이시겠다고 주님은 약속하십니다. 그러므로 오늘 우리가 드리는 이 예배가 단순한 예식이 아니라, 진정한 감사의 예배가 되기를 축복합니다. 감사는 하나님의 은혜에 대한 아름다운 응답입니다. 하나님은 그 응답을 기뻐하시고, 그 사람에게 하나님의 구원과 영광을 보이시겠다고 하십니다. 감사로 드리는 예배를 통해 하나님을 영화롭게 하시기 바랍니다.

오늘 우리가 함께 나눌 말씀은 신명기입니다. 신명기는 이스라엘 백성이 약속의 땅 가나안에 들어가기 직전, 모세가 전한 긴 설교입니다. 그들은 지난 40년 동안 광야를 걸어왔습니다. 먹을 것이 없는 곳에서 하나님은 매일 만나로 먹이셨고, 목마를 때는 반석에서 물을 내어 주셨습니다. 길 없는 사막에서 구름 기둥과 불기둥으로 길잡이가 되어 주셨습니다. 40년 내내 옷이 헤지지 않고 신발이 닳지 않은 것은 하나님의 신비로운 은혜였습니다.

이제 그들은 마침내 젖과 꿀이 흐르는 가나안 땅, 꿈에도 그리던 땅에 들어가기 직전입니다. 광야와는 비교할 수 없을 만큼 풍요로운 환경이 목전에 있습니다. 바로 그 순간, 하나님께서 이스라엘 백성에게 강조하고 또 강조하신 말씀이 있습니다. 11절 말씀을 보겠습니다.

"내가 오늘 네게 명하는 여호와의 명령과 법도와 규례를 지키지 아니하고 네 하나님 여호와를 잊어버리지 않도록 삼갈지어다"

'내가 너에게 베풀었던 모든 은혜를 잊지 않도록 가슴에 새겨야 한다.'는 것입니다. 14절에도 같은 말씀을 하십니다.

> "네 마음이 교만하여 네 하나님 여호와를 잊어버릴까 염려하노라 여호와는 너를 애굽 땅 종 되었던 집에서 이끌어 내시고"

하나님은 이들이 마음이 교만하여 하나님 여호와를 잊어버릴까 염려하십니다. 사람은 잘 잊습니다. 그래서 하나님이 좋은 땅에 가서 평안하게 살게 될 때 그것이 하나님의 은혜였다는 것을 기억하라고 하십니다. 18절에도 반복해서 말씀하십니다.

> "네 하나님 여호와를 기억하라 그가 네게 재물 얻을 능력을 주셨음이라 이같이 하심은 네 조상들에게 맹세하신 언약을 오늘과 같이 이루려 하심이니라"

"네가 많이 가졌다고 해서 자랑할 것이 없다. 그것을 얻을 능력을 주신 분이 바로 하나님이시다. 그러니 네 하나님 여호와를 기억하라. 하나님을 잊지 마라."라고 하시는 것입니다. 모세는 이 말씀을 계속해서 강조합니다. 왜일까요? 사람은 너무 쉽게 은혜를 잊어버리기 때문입니다. 좋지 않은 일은 오래 붙잡고, 좋은 일은 금세 잊어버립니다. 이것이 죄인의 본성입니다. 아마 여러분도 삶을 돌아보면 비슷한 경험이 있을 것입니다. 누군가 내게 잘해준 것은 금방 잊어버리고, 누군가 내게 마음에 상처준 일은 오래도록 기억하는 것처럼 말입니다.

그래서 하나님은 우리에게 "잊지 말라, 기억하라."라고 거듭 당부하십니다. 우리는 배가 부르고 환경이 좋아지면, 하나님께서 베푸신 은혜를 금세 잊어버립니다. 사도 바울은 로마서 1장 21절에서 인간의 본성을 이렇게 설명합니다.

> "하나님을 알되 하나님을 영화롭게도 아니하며 감사하지도 아니하고 오히려 그 생각이 허망하여지며 미련한 마음이 어두워졌나니"

하나님을 알고 믿는다고 하면서도 정작 하나님을 영화롭게 하지 않고, 감사하지도 않는다는 것입니다. 그 결과 생각이 허망해지고 마음이 어두워져 결국 은혜를 잊어버리게 됩니다. 죄성을 가진 인간은 본래 은혜를 쉽게 망각하는 존재입니다. 그래서 하나님께서는 우리에게 끊임없이 말씀하십니다. "은혜를 잊지 말고, 기억하라."

은혜를 잊지 마라

제 목회 여정 속에서도 이런 모습을 수없이 보아왔습니다. 군에 입대할 때나 대학 입시를 앞두고 있으면 간절히 기도합니다. "하나님, 대학에 들어가게만 해 주시면 은혜를 잊지 않고 감사하며 살겠습니다." 정말 절절한 마음으로 하나님을 의지합니다. 그런데 막상 대학에 들어가면, 그 간절함은 잊히고 어느새 자유로운 문화에 젖어 축제 때 술을 마시며 하나님을 기억하지 못합니다. 졸업반이 되어 취업을 앞두면 다시 간절히 기도합니다. "하나님, 취업만 시켜주시면 평생 감사하며 살겠습니다."

그러나 회사에 들어가면 또 잊어버립니다. 세상 풍속에 휩쓸려 살아갑니다. 그러다 인생의 고비를 만나면 또다시 간절히 하나님을 찾습니다. 하지만 위기를 넘기면 또 은혜를 잊어버립니다. 그래서 하나님께서 반복해서 말씀하시는 것입니다. "기억하라, 잊지 마라."

하나님께서 "잊지 말라."라고 강조하시는 이유가 있습니다. 하나님의 은혜를 잊어버리면 결국 하나님을 잃어버리기 때문입니다. 오늘 본문 19절에서 이렇게 말씀합니다.

> "네가 만일 네 하나님 여호와를 잊어버리고 다른 신들을 따라 그들을 섬기며 그들에게 절하면 내가 너희에게 증거하노니 너희가 반드시 멸망할 것이라"

"네가 만약 하나님의 은혜를 잊어버리고 가나안 땅에 들어가 그들의 문화에 젖어 하나님을 떠난다면, 반드시 멸망할 것이라." 라고 하나님은 경고하십니다. 인생이 한순간에 무너지는 것이 아니라, 서서히 무너져 내린다는 것입니다. 본문은 우리에게 거듭 강조합니다. 하나님의 은혜를 기억하라. 은혜를 잊지 말라. 신명기 8장 18절 말씀을 함께 읽겠습니다.

> "네 하나님 여호와를 기억하라 그가 네게 재물 얻을 능력을 주셨음이라 이같이 하심은 네 조상들에게 맹세하신 언약을 오늘과 같이 이루려 하심이니라"

성경은 분명히 말씀합니다. 하나님이 우리에게 재물 얻을 능력을 주셨다고 합니다. 그러므로 우리는 하나님을 잊지 말고 늘 기억해야 합니다. 곰곰이 생각해 보면, 우리가 가진 모든 것은 하나님의 은혜입니다. 내 힘으로 얻은 것 같아도, 사실은 하나님이 주신 능력으로 얻은 것입니다. 우리 삶 속에 은혜 아닌 것이 단 하나도 없습니다. 그런데도 사람들은 사꾸민 은혜를 잊어버립니다. 이 점을 사도 바울은 고린도전서 4장 7절에서 이렇게 말씀합니다.

> "누가 너를 남달리 구별하였느냐 네게 있는 것 중에 받지 아니한 것이 무엇이냐 네가 받았은즉 어찌하여 받지 아니한 것 같이 자랑하느냐"

우리가 가진 것 중에 받지 않은 것이 무엇이 있습니까? 우리는 세상에 올 때 빈손으로, 아무것도 없이 태어났습니다. 그러나 지금은 입을 옷이 있고, 먹을 것이 있으며, 함께 살아가는 이웃도 있습니다. 모두가 하나님께 받은 은혜입니다. 그런데 하나님께 받았으면서도, 마치 내 힘으로 얻은 것처럼 자랑합니다.

저 역시 새벽마다 기도하며 지난 삶을 돌아보면, 곳곳에서 하나님의 손길을 느낍니다. "아, 내가 여기까지 온 것이 전적인 하나님의 은혜였구나." 이 고백이 제 가슴을 뿌듯하게 합니다. 그러므로 성경은 말씀합니다. "네게 있는 것 중에 받지 않은 것이 무엇이냐? 다 받아놓고 왜 자랑하느냐?" 우리는 은혜를 기억해야 합니다.

교만하면 인생이 무너집니다. 성경은 "교만은 패망의 선봉이요, 거만한 마음은 넘어짐의 앞잡이"라고 말씀합니다. 그런데도 왜 사람들은 교만에 빠질까요? 하나님의 은혜를 망각했기 때문입니다. 은혜를 잊으면 교만해지고, 은혜를 기억하면 감사가 나옵니다. 따라서 교만은 망각에서 출발하고, 감사는 기억에서 시작됩니다. 하나님은 이스라엘 백성이 교만해지지 않도록 지난 시간을 다시 상기시킵니다. 본문 15절 말씀입니다.

> "너를 인도하여 그 광대하고 위험한 광야 곧 불뱀과 전갈이 있고 물이 없는 간조한 땅을 지나게 하셨으며 또 너를 위하여 단단한 반석에서 물을 내셨으며"

이렇게 하나님은 이스라엘 사람들을 먹이고 입히고 이끌어 왔다는 것입니다. 그다음 절인 16절을 보십시오.

"네 조상들도 알지 못하던 만나를 광야에서 네게 먹이
셨나니 이는 다 너를 낮추시며 너를 시험하사 마침내
네게 복을 주려 하심이었느니라"

하나님은 말씀하십니다. "내가 너를 얼마나 아끼고 사랑했는지 아느냐? 매일 아침 눈이 내리듯, 비가 내리듯 하늘에서 만나를 내려 너를 먹였다. 힘들고 어려운 광야였지만, 결국은 네게 복을 주려고 내가 이끌어 왔다." 그런데 이어지는 17절에서 이렇게 말씀하십니다.

"그러나 네가 마음에 이르기를 내 능력과 내 손의 힘으
로 내가 이 재물을 얻었다 말할 것이라"

하나님은 마치 부모가 자녀를 돌보듯, 이스라엘을 사랑으로 이끌어 주셨습니다. 만나를 내려 먹이시고, 반석에서 물을 내어 마시게 하셨습니다. 그런데도 사람들은 은혜를 망각하고 스스로 말합니다. "내 힘으로, 내 능력으로 이 모든 것을 이루었다." 이것이 바로 교만입니다. 교만의 뿌리는 하나님의 은혜를 잊어버리고 자기 힘으로 살았다고 착각하는 데서 시작됩니다. 배가 부르

면 다 잊어버리는 것이 인간의 연약함이요, 죄인의 본성입니다. 사랑하는 여러분, 혹시 여러분 삶 속에도 잊어버린 하나님의 은혜는 없습니까? 시편 78장 11절 말씀을 함께 읽겠습니다.

"여호와의 행하신 것과 그들에게 보이신 그의 기이한 일을 잊었도다"

잊어버리니 불평하고 원망하는 것입니다. 잊어버리니 교만해집니다. 시편 106장 21절을 읽어보겠습니다.

"애굽에서 큰 일을 행하신 그의 구원자 하나님을 그들이 잊었나니"

하나님께서 그토록 강한 손으로 애굽에서 이끌어 내셨건만, 이스라엘은 그 은혜를 금세 잊어버렸습니다. 오늘 본문의 핵심 단어는 바로 '기억하라.'입니다. 여기서 '기억'은 단순히 과거를 떠올리는 회상이 아닙니다. 하나님의 은혜를 되새기고, 그 은혜에 아름답게 응답하는 삶입니다. 그것이 곧 감사입니다. 교만은 은혜를 망각할 때 싹트고, 감사는 은혜를 기억할 때 싹틉니다.

감사, 행복의 문 열기

저는 제 머릿속에 이런 그림을 그려본 적이 있습니다. 행복의 마을로 가는 길을 알려주는 표지판에는 이렇게 쓰여 있습니다. "감사합니다." 그 길을 따라가면 감사가 이어지고, 결국 '행복 동네'에 도착합니다. 반대로 불행의 마을로 가는 표지판에는 이렇게 쓰여 있습니다. "원망, 불평". 그 길을 따라가면 결국 불행에 이르게 됩니다. 사랑하는 여러분, 행복을 원하십니까? 그렇다면 감사를 배우십시오. 감사는 행복의 문을 열고, 불평은 불행의 문을 여는 열쇠입니다.

저는 새벽예배에 오는 교우들을 매일 만납니다. 여러 사정으로 새벽기도를 드리고 곧장 출근길에 오르는 분들이 있습니다. 출근 준비를 마치고 잠깐 들러 기도한 뒤 직장으로 향하는 분들의 뒷모습을 바라보면 한편으로는 가슴이 뿌듯하지만, 다른 한편으로는 애틋한 마음이 일어납니다. 젊은 시절 잠을 더 자고 싶을 텐데도 하나님께 나와 기도하는 그 모습이 참 귀하고 소중합니다.

아침 뉴스에서 수많은 사람이 대중교통을 타고 출근하는 장면을 봅니다. 사람들은 제각기 다른 곳으로 가고, 옷차림도 다르지만 한 가지 공통점이 있습니다. 바로 무표정한 얼굴입니다. 어둡고 피곤한 표정, 미소가 사라진 얼굴입니다. 이 모습이 오늘날 많은 이들의 얼굴입니다. 우울증 환자의 얼굴 또한 무표정한 경우가 많습니다.

　우울의 특징을 두 가지로 꼽자면 첫째, 웃음이 사라진다는 점입니다. 얼굴에 생기가 없고 그늘이 깃들어 있습니다. 둘째, 감사의 말이 사라진다는 점입니다. 대신 원망과 불평, 한숨이 입에서 나오고, 마음 깊은 곳에는 허무와 절망, 무가치감이 자리합니다. "하나님이 나를 버리신 듯하다.", "나는 쓸모없는 사람이다." 같은 생각이 마음을 채우니 얼굴이 어둡고 감사가 없습니다.

　감사하면 얼굴에 드리워진 어둠이 사라지고, 마음의 두려움도 떠나갑니다. 그렇다면 어떻게 해야 할까요? 방법은 단순합니다. 반대로 하면 되는 것입니다. 얼굴이 캄캄하고 감사가 없다는 것은 마음에 소망이 없고 절망과 비애, 버림받았다는 생각이 가득하기 때문입니다. 그러니 감사가 나오지 않는 것입니다. 그러나 오늘 말씀대로 하나님의 은혜를 기억하고, 그 은혜에 감사로 응답하기 시작하면 달라집니다. 마음의 불안이 사라지고, 얼굴의 그림자가 걷히며, 가슴 속에 소망과 꿈이 다시 피어날 될 것입니다.

　그렇다면 어떻게 감사할 수 있을까요? 예수님의 말씀에서 그

답을 찾을 수 있습니다. 누가복음 6장 45절 말씀이 그것을 알려 줍니다.

> "선한 사람은 마음에 쌓은 선에서 선을 내고 악한 자는 그 쌓은 악에서 악을 내나니 이는 마음에 가득한 것을 입으로 말함이니라"

사람은 마음에 창고를 가지고 있습니다. 그곳에 무엇이 쌓여 있는가에 따라 입에서 나오는 말이 달라집니다. 마음의 창고에 선이 가득하면 밝은 말이 흘러나옵니다. 그러나 걱정과 근심, 미움과 불평이 쌓여 있다면, 입에서는 한숨과 원망이 흘러나옵니다. 우리는 일상에서 마일리지를 적립합니다. 마트에서 마일리지를 모으면 물건을 살 수 있고, 항공권 마일리지를 모으면 좌석을 업그레이드할 수 있습니다. 작은 것 같지만 누적되면 여러 혜택이 있습니다. 우리의 삶도 마찬가지입니다. 스트레스와 피로가 누적되면 몸이 무너지고, 미움과 욕심이 쌓이면 마음이 흔들립니다. 그러나 누적될수록 우리에게 힘이 되는 것이 있습니다. 그것은 바로 기도와 감사입니다.

성경을 보면 기도와 감사는 언제나 함께 나옵니다. 기도하고 감사하고, 감사하며 기도할 때 그것이 우리의 마음에 쌓입니다. 작은 것 같아도 계속 누적되면 삶에 놀라운 변화가 일어납니다. 새벽마다 기도하는 사람과 그렇지 않은 사람은 처음엔 차이가 없는 것처럼 보입니다. 그러나 시간이 지나 누적될수록 그 차이는 엄청나게 벌어집니다. 다니엘을 보십시오. 그는 하루 세 번 예루살렘을 향해 무릎을 꿇고 기도하며 하나님께 감사했습니다(단 6:10). 그 작은 기도와 감사가 쌓이고 쌓여 결국, 사자의 입을 막는 능력이 된 것입니다.

기도를 쌓고 감사를 누적하기

이스라엘 백성이 여리고 성을 하루에 한 바퀴씩 돌았습니다. 처음에는 아무 일도 일어나지 않았습니다. 그러나 그들은 멈추지 않고 매일 돌고 또 돌았습니다. 마지막 날, 일곱 바퀴를 돌고 소리쳤을 때 여리고 성은 무너졌습니다. 힘없어 보이는 기도일지라도 누적되면 결국 여리고를 무너뜨립니다. 그러므로 기도를 누적시키십시오. 감사도 마찬가지입니다. 하나님의 은혜를 기억하며 감사를 마음의 곳간에 쌓아가면, 우리 앞의 어떤 여리고도 무너지게 될 줄 믿습니다.

사랑하는 여러분, 우리가 계속 나누는 마인드셋의 핵심은 이

것입니다. 좋은 마음의 태도란 바로 기도와 감사를 끊임없이 누적시키는 것입니다. 기도를 쌓고 감사를 누적할 때, 하나님께서 우리의 삶을 새롭게 세워 가십니다. 빌립보서 4장 6절에서도 이렇게 말씀합니다.

> "아무것도 염려하지 말고 다만 모든 일에 기도와 간구로, 너희 구할 것을 감사함으로 하나님께 아뢰라"

주님은 기도와 감사를 말씀하십니다. 우리 마음속에는 늘 걱정과 염려가 있습니다. 그러나 "염려하지 말아야지."하며 결심한다고 해서 염려가 사라지는 것은 아닙니다. 염려를 몰아내는 길은 오직 기도와 감사뿐입니다. 우리가 아무리 밤새워 걱정해도 바뀌는 일은 없습니다. 그렇다면 염려 대신, 기도와 감사로 하나님께 아뢰면 됩니다. 기도와 감사를 삶 속에 누적시켜 가면 어떤 일이 일어날까요? 그 답은 다음 절, 빌립보서 4장 7절에 있습니다.

> "그리하면 모든 지각에 뛰어난 하나님의 평강이 그리스도 예수 안에서 너희 마음과 생각을 지키시리라."

하나님은 우리의 마음과 생각의 곳간을 그리스도의 평강으로 채워주십니다. 우리가 기도하고 감사할 때, 하나님은 우리 가슴 속에 세상이 줄 수 없는 한없는 평강을 부어주십니다. 이것이 진정한 행복입니다.

저는 가끔 제 삶의 뒤안길을 돌아봅니다. 그럴 때마다 "내가 참 하나님의 은혜로 살아왔구나." 하는 고백이 저절로 나옵니다. 힘든 순간마다 저는 기도로 주님께 나아갔습니다. 새벽기도는 기본이었고, 더 큰 어려움이 닥치면 산 기도를 했습니다. 밤이슬을 맞으며 주님께 모든 것을 맡겨 기도했고, 때로는 금식하며 간구했습니다. 기도할 때마다 문제가 즉시 해결되면 좋겠지만, 그렇지 않은 경우가 많았습니다. 그러나 놀라운 것은, 상황이 바뀌지 않아도 제 마음은 든든해지고, 염려가 더 이상 문제가 되지 않았다는 사실입니다. 바로 이것이 말씀하신 은혜입니다.

> "아무것도 염려하지 말고 기도와 감사로 하나님께 구하라, 그리하면 모든 지각에 뛰어난 하나님의 평강이 그리스도 예수 안에서 너희 마음과 생각을 지키시리라"(빌 4:6-7).

문제가 해결되지 않아도, 마음 깊은 곳에 설명할 수 없는 주의 평화가 임합니다. 그래서 우리는 늘 감사할 수 있습니다. 우리 마음의 곳간이 하나님의 은혜로 가득 차 있기 때문입니다.

"평화 평화로다, 하늘 위에서 내려오네. 그 사랑의 물결이 영원토록 내 영혼을 덮으소서."

이 평화를 경험한 사람은 기도하지 않을 수 없습니다. 사랑하는 여러분, 아무것도 염려하지 말고 기도와 감사를 삶의 곳간에 누적시키십시오. 그러면 반드시 승리하게 됩니다.

칼빈대학교 석좌교수 심수명 목사님의 저서에 한 집사 부부의 이야기가 나옵니다. 이 부부는 가족과 함께 단기 선교로 베트남에 갔다가 사랑하는 아들을 사고로 잃었습니다. 얼마나 비통했겠습니까. 깊은 슬픔 속에 지내던 두 사람은 이렇게 결심했습니다.

"언제까지 이렇게 울며 살 수는 없다. 먼저 간 아들을 생각하며 추모할 길을 찾자. 아들이 주일학교에서 봉사하던 것을 기억하며, 주일학교 교육관에 좋은 음향 시설을 기증하자."

그리하여 부부는 헌금을 드렸습니다. 목사님이 예배 시간에 이 이야기를 전하자, 예배드리던 한 부부가 은혜를 받았습니다.

아내가 남편의 옆구리를 찌르며 말했습니다.

"여보, 우리도 우리 아들 이름으로 무엇인가 합시다."

그러자 남편이 놀라며 대답했습니다.

"아니, 우리 아들은 안 죽었잖아!"

그러자 아내가 다시 말했습니다.

"그러니까 해야지!"

참으로 감사하면서도 가슴을 울리는 이야기입니다. 우리는 흔히 좋은 일이 있을 때만 감사하려 합니다. 그러나 성경은 말합니다. 로마서 14장 8절입니다.

> "우리가 살아도 주를 위하여 살고 죽어도 주를 위하여 죽나니 그러므로 사나 죽으나 우리가 주의 것이로다"

사랑하는 여러분, 삶의 기쁨 속에서도, 고통과 눈물 속에서도, 우리는 여전히 주의 것입니다. 그렇기에 어떤 상황에서도 감사할 수 있습니다. 이 고백이 확실하면 어떤 일을 만나도 두렵지 않습니다. 어떤 상황에서도 겁낼 것이 없습니다. 좋은 일이 있을 때 감사하는 것은 누구나 할 수 있습니다. 자녀가 잘될 때 감사하지 못할 부모가 어디 있겠습니까? 그러나 일이 잘 풀리지 않을 때,

그럼에도 불구하고 "사나 죽으나 우리가 주의 것이라"(롬 14:8) 고백하는 것이 진짜 믿음입니다.

우리가 힘들고 두려운 것은 살려고 발버둥 치기 때문입니다. 그러나 "살아도 주를 위해 살고, 죽어도 주를 위해 죽겠다."는 마음이 있으면 세상에 겁날 것이 없습니다. 모든 것이 하나님의 은혜임을 믿기 때문입니다. 시편 107장 1절은 이렇게 말씀합니다.

"여호와께 감사하라 그는 선하시며 그 인자하심이 영원함이라"

하나님은 참으로 선하십니다. 때로는 하나님의 행하심이 도무지 이해되지 않아 마음에 상처가 될 때도 있습니다. 그럼에도 하나님은 선하십니다. 선하신 하나님은 모든 것을 합력하여 우리에게 유익이 되게 하십니다. 그러므로 우리는 그분을 신뢰해야 합니다. 우리 하나님은 너무나 선하시며, 우리를 향한 사랑은 끝이 없고, 그 인자하심은 영원합니다. 우리가 다 알 수 없고 다 이해하지 못한다 할지라도, 아버지 하나님의 선하심과 인자하심을 깊이 생각하면 감사하지 않을 수 없습니다.

우리 인생이 끝나는 날, 마지막 언덕에 서서 지나온 삶을 돌아볼 때, 우리의 입술에서 이런 고백이 흘러나오기를 바랍니다. "하나님, 여기까지 인도하신 것이 주의 은혜입니다." 그렇게 고백하는 사람에게 천국의 문이 열릴 줄 믿습니다. 지나온 날을 감사하는 자를 앞으로도 하나님께서 은혜로 이끌어 주실 줄 믿습니다. 그러므로 감사는 곧 은혜에 대한 우리의 아름다운 응답입니다.

13장

시력은 한계를 보고
믿음의 안목은 가능성을 본다

²⁵ 사십 일 동안 땅을 정탐하기를 마치고 돌아와 ²⁶ 바란 광야 가데스에 이르러 모세와 아론과 이스라엘 자손의 온 회중에게 나아와 그들에게 보고하고 그 땅의 과일을 보이고 ²⁷ 모세에게 말하여 이르되 당신이 우리를 보낸 땅에 간즉 과연 그 땅에 젖과 꿀이 흐르는데 이것은 그 땅의 과일이니이다 ²⁸ 그러나 그 땅 거주민은 강하고 성읍은 견고하고 심히 클 뿐 아니라 거기서 아낙 자손을 보았으며 ²⁹ 아말렉인은 남방 땅에 거주하고 헷인과 여부스인과 아모리인은 산지에 거주하고 가나안인은 해변과 요단 가에 거주하더이다 ³⁰ 갈렙이 모세 앞에서 백성을 조용하게 하고 이르되 우리가 곧 올라가서 그 땅을 취하자 능히 이기리라 하나 ³¹ 그와 함께 올라갔던 사람들은 이르되 우리는 능히 올라가서 그 백성을 치지 못하리라 그들은 우리보다 강하니라 하고 ³² 이스라엘 자손 앞에서 그 정탐한 땅을 악평하여 이르되 우리가 두루 다니며 정탐한 땅은 그 거주민을 삼키는 땅이요 거기서 본 모든 백성은 신장이 장대한 자들이며 ³³ 거기서 네피림 후손인 아낙 자손의 거인들을 보았나니 우리는 스스로 보기에도 메뚜기 같으니 그들이 보기에도 그와 같았을 것이니라

(민 13:25-33)

오늘은 '안목'이 얼마나 중요한지 함께 나누고자 합니다. 우리는 무언가를 직접 보고 확인해야만 신뢰하는 경향이 있습니다. 사람들은 눈으로 본 것, 경험한 것을 사실로 받아들이는 습관이 강합니다. 그러나 눈에 보이는 것이 전부는 아닙니다. '빙산의 일각'이라는 말처럼, 수면 위로 드러난 것은 작은 부분일 뿐, 그 아래에는 훨씬 더 큰 덩어리가 숨어 있습니다. 우리의 시력은 이처럼 한계가 있습니다. 앞에 커튼 하나만 가려져도 그 뒤를 볼 수 없는 것이 인간의 눈입니다. 그럼에도 우리는 여전히 눈에 보이는 것만 신뢰하려 합니다.

씨앗 속의 나무를 보는 눈

성경은 다른 길을 보여줍니다. 시력은 제한적이지만, 안목은 마음의 눈입니다. 믿음의 안목을 가진 사람은 단순히 눈에 보이는 대로 살지 않습니다. 예를 들어 손에 달걀 하나를 들고 있다고 합시다. 시력은 달걀만 봅니다. 하지만 안목은 그 안에서 병아리가 부화하는 모습을 보고, 노란 병아리가 어미를 따라 삐약삐약 뛰노는 장면까지 그려냅니다. 이것이 시력과 안목의 차이입니다. 하나님은 우리에게 믿음의 안목을 주셨습니다. 그런데도 우리는 여전히 시력, 곧 눈에 보이는 것만 붙잡으려 합니다. 사랑하는 여러분, 오늘 우리는 시력에 머무르지 않고 믿음의 안목을 회복해야 합니다.

농부는 봄에 씨앗을 뿌리면서 씨앗만 바라보지 않습니다. 그는 가을 들녘의 풍성한 수확을 바라보며 기쁨으로 씨를 뿌립니다. 우리의 시력은 그저 한 줌 씨앗밖에 보지 못합니다. 그러나 믿음의 안목은 보이지 않는 더 많은 것을 봅니다. 믿음의 안목은, 봄에 뿌린 씨앗이 여름을 지나 가을에 풍성한 열매로 돌아올 것을 미리 보는 것입니다. 성경은 이렇게 말합니다. 아직 보이지 않고 손에 잡히지 않아도, 그것이 실제 있는 것처럼 바라보고 살아가는 태도가 바로 믿음이라고 말합니다.

히브리서 11장은 '믿음의 장'이라고 불립니다. 그 첫머리에서 믿음의 정의를 이렇게 선포합니다. "믿음은 바라는 것들의 실상이요 보이지 않는 것들의 증거니"(히 11:1) 그리고 이어 2절에서 말씀합니다. "선진들이 이로써 증거를 얻었느니라."

성경은 "믿음은 바라는 것들의 실상이요, 보이지 않는 것들의 증거"라고 말합니다. 믿음은 눈에 보이는 것이 아니라, 아직 보이지 않는 것들을 실제처럼 붙잡는 것입니다. 우리의 믿음의 선배

들이 바로 이 믿음으로 증거를 얻었습니다. 사랑하는 여러분, 믿음의 안목을 가지시기 바랍니다. 그러면 우리는 눈앞의 현실에 묶이지 않고, 믿음이 보여주는 가능성을 따라 살게 됩니다.

믿음의 안목은 때가 되어 바라는 것을 얻게 하는 능력입니다. 우리의 시력은 한계만 보지만, 믿음의 눈은 가능성을 봅니다. 영적인 안목을 가진 사람은 어떤 상황 속에서도 희망과 가능성이신 하나님의 손을 바라봅니다. 그럴 때 우리는 하나님의 풍성한 은혜를 누리며 살아가게 될 줄 믿습니다.

믿음의 눈으로

오늘 본문 민수기 말씀은 12명의 정탐꾼이 가나안 땅을 돌아본 후 보고하는 장면입니다. 각 지파에서 한 명씩 차출된 12명이 40일 동안 땅을 둘러보고 백성 앞에 섰습니다. 그 땅은 하나님께서 주시겠다고 약속하신 땅이었습니다. 약속은 현재가 아니라 미래입니다. 미래는 눈에 보이지 않습니다. 우리는 다만 믿음의 안목으로 바라볼 뿐입니다. 사람이 눈으로 본다고 해도 관점에 따라 차이가 있습니다. 어떤 학자는 세 가지 눈을 말합니다.

첫째, 기자의 눈입니다. 현실을 있는 그대로 기록하는 눈입니다.

둘째, 역사가의 눈입니다. 과거를 해석하고 의미를 붙이는 눈입니다.

셋째, 예언자의 눈입니다. 지혜자의 눈, 믿음의 눈이라고도 하지요. 아직 오지 않았지만 지금이라는 언덕 너머, 하나님이 예비하신 미래를 바라보는 눈입니다.

사랑하는 여러분, 삶이 힘들고 현실이 버거울 때, 단지 기자의 눈으로만 보지 마시기 바랍니다. 믿음의 안목으로 주님이 약속하신 젖과 꿀이 흐르는 가나안을 바라보시기 바랍니다. 여러분은 지금 어떤 눈을 가지고 살아가고 있습니까? 무엇을 바라보고 있습니까? 성경은 말합니다. "보는 것을 얻게 된다." 여러분이 믿음으로 바라보는 그것을 하나님께서 주시기를 원하십니다. 12명의 정탐꾼은 같은 땅을 같은 시간에 보았습니다. 그러나 그들의 보고는 달랐습니다. 이제 27절 말씀을 보겠습니다.

> "모세에게 말하여 이르되 당신이 우리를 보낸 땅에 간즉 과연 그 땅에 젖과 꿀이 흐르는데 이것은 그 땅의 과일이니이다"

정탐꾼들이 먼저 이렇게 보고합니다.
"그 땅은 참으로 젖과 꿀이 흐르는 좋은 땅입니다. 농사가 얼마나 잘되는지 보십시오. 우리가 가져온 이 과일이 증거입니다. 이 포도송이를 보십시오!"

그 땅의 풍성함을 보여주기 위해 그들은 거대한 포도송이를 두 사람이 막대기에 꿰어 메고 왔습니다. 얼마나 땅이 기름지고 열매가 풍성했는지 눈으로 확인할 수 있었습니다. 그러나 곧이어 이어지는 28절에서 그들의 말투가 달라집니다. 분위기가 바뀌는 것입니다.

> "그러나 그 땅 거주민은 강하고 성읍은 견고하고 심히
> 클 뿐 아니라 거기서 아낙 자손을 보았으며"

정탐꾼들은 땅은 참 좋지만, 동시에 어려움도 크다고 말합니다. 사실입니다. 그 땅이 젖과 꿀이 흐르는 것도 그곳에 거대한 장벽과 강한 주민이 있는 것도 사실입니다. 이것은 기자의 눈으로 본 보고입니다. 본 대로, 있는 그대로 말한 것이지요.

그러나 여기서 중요한 메시지가 있습니다. 하나님께서 정탐꾼을 보내신 목적은 단순한 정보 수집이 아니었습니다. 하나님은 그들이 약속을 신뢰하는지, 믿음의 눈으로 바라보는지를 보고 싶으셨던 것입니다. 하지만 그들은 사실만 전달하고 끝났습

니다.

사랑하는 여러분, 우리에게도 기자의 눈은 필요합니다. 현실을 정확하게 보고 분석하는 눈이 필요합니다. 그러나 거기서 멈추면 안 됩니다. 우리는 역사가의 눈을 가져야 합니다.

"그때 하나님이 함께하셨지, 그분이 아니었다면 어떻게 했을까?"

지난날 우리를 도우신 하나님을 기억하는 눈입니다.

그리고 마지막으로, 우리는 반드시 믿음의 눈을 가져야 합니다.

"그 하나님께서 내일도, 앞으로도 우리를 이끄실 것이다."

미래를 바라보는 믿음의 안목이 필요합니다. 오늘 본문은 이것을 강조합니다. 같은 상황을 보고도 해석이 달라졌습니다. 그래서 어떤 사람은 광야에서 죽고, 어떤 사람은 가나안에 들어갔습니다. 현실은 같았지만, 해석이 달랐기 때문입니다. 사랑하는 여러분, 기자의 눈에 머무르지 말고, 역사가의 눈을 넘어, 믿음의 눈으로 하나님을 바라보시기를 축복합니다.

사람은 다 비슷합니다. 키가 크고 작고, 덩치가 다르지만 생물학적으로는 다 똑같습니다. 눈 두 개, 코 하나, 입 하나, 귀 두 개, 팔과 다리가 있지요. 장기 구조도 다르지 않습니다. 그런데 왜 어떤 사람은 전혀 다른 인생을 살아갈까요? 마음의 태도가 다르기 때문입니다. 마음의 관점, 곧 마인드셋이 인생을 바꿉니다. 12명의 정탐꾼들도 마찬가지였습니다. 똑같은 땅을, 똑같은 시간에, 40일 동안 보고 왔습니다. 그러나 결론은 달랐습니다. 10명의 정탐꾼들은 이렇게 말했습니다. 민수기 13장 31절입니다.

> "그와 함께 올라갔던 사람들은 이르되 우리는 능히 올라가서 그 백성을 치지 못하리라 그들은 우리보다 강하니라 하고"

같은 것을 보았지만, 해석과 태도가 달랐습니다. 그래서 전혀 다른 결과에 이르게 된 것입니다. 그들은 이미 결론을 내려놓았습니다. "우리는 안 된다." 그 이유는 분명했습니다. 가나안 사람들은 우리보다 강하고, 키는 장대하고, 성읍은 견고하고, 철병거까지 갖추었으니 도저히 이길 수 없다고 본 것입니다. 그들은 싸워보지도 않고 포기했습니다. 가보지도 않고 판결을 내리고, 아직 들어가 보지도 않았는데 이미 마음으로 물러선 것입니다. "우리는 가나안에 들어갈 수 없다."는 부정적인 결론을 내려버린 것이지요. 그다음 32절과 33절을 보면, 그들은 한 걸음 더 나아갑니다. 이제는 이스라엘 백성 앞에서 그 땅을 악평합니다. 많은 사람 앞에서 잘못된 보고, 잘못된 평가를 한 것입니다.

> "이스라엘 자손 앞에서 그 정탐한 땅을 악평하여 이르되 우리가 두루 다니며 정탐한 땅은 그 거주민을 삼키는 땅이요 거기서 본 모든 백성은 신장이 장대한 자들이며 거기서 네피림 후손인 아낙 자손의 거인들을 보았나니 우리는 스스로 보기에도 메뚜기 같으니 그들이 보기에도 그와 같았을 것이니라"

조금 전까지만 해도 "그 땅은 과연 젖과 꿀이 흐르는 좋은 땅"이라고 했습니다. 그런데 곧바로 "거주민을 삼키는 땅"이라고 악평합니다. 왜 이렇게 말이 달라졌을까요?

현실만 본 기자의 눈으로는, 땅이 좋은 것도 사실이고, 주민이 강한 것도 사실입니다. 그런데 이들은 자신들의 무능을 감추기 위해 결론을 바꾼 것입니다. "내가 못 들어가는 땅이니 그 땅이 잘못된 땅이다." 이렇게 책임을 회피하려 한 것입니다. 결국 "우리는 메뚜기 같다."라고 스스로를 비하하며 포기합니다. 이유가 무엇입니까? 단순히 부정적이어서일까요? 아닙니다. 성경은 더 근본적인 원인을 말씀합니다. 바로 믿음의 문제입니다. 민수기 14장 11절에서 하나님께서 친히 말씀하십니다.

"여호와께서 모세에게 이르시되 이 백성이 어느 때까지 나를 멸시하겠느냐 내가 그들 중에 많은 이적을 행하였으나 어느 때까지 나를 믿지 않겠느냐"

이 말씀은 주님이 얼마나 상처받으셨는지를 보여줍니다. 하나님은 좋은 하나님이신데, 이스라엘 백성은 그분을 멸시했습니다. 하나님은 약속을 주셨는데, 그들은 믿지 않았습니다. 문제의 핵심은 믿음이었습니다. 사랑하는 여러분, 우리가 믿음을 잃어버리면 단순히 "믿음이 없다."로 끝나지 않습니다. 그것은 하나님을 실망시키고 하나님의 마음을 아프게 하는 일입니다. 철없는 자녀가 부모 마음을 아프게 하듯, 이스라엘은 믿음이 없어 하나님께 상처를 드린 것입니다. 그 말씀을 들은 백성들은 밤새 통곡했습니다. "우리는 이제 끝났구나. 어쩌면 좋으냐!" 하며 울부짖었습니다. 그들의 밤샘은 철야기도가 아니었습니다. 그저 밤새도록 걱정하고 한탄한 것입니다. 믿음 없는 사람들은 기도는 안 하면서 걱정은 잘합니다.

결국 백성들은 좌절하며 말했습니다. "우리는 못 간다. 애굽으로 돌아가자." 하나님의 약속을 외면하고, 다시 종살이하던 자리로 돌아가려 한 것입니다. 그 모습을 보신 하나님은 마음이 아팠습니다. "저 백성이 아직도 철이 없구나. 여전히 믿음이 없구나." 마침내 하나님은 14장 28절에서 이렇게 말씀하십니다.

"그들에게 이르기를 여호와의 말씀에 내 삶을 두고 맹세하노라 너희 말이 내 귀에 들린 대로 내가 너희에게 행하리니"

백성들은 "우리는 못 들어간다."라고 말했습니다. 하나님은 "그래, 네 말대로 하겠다." 하신 것입니다. 그 결과 그들은 약속의 땅에 들어가지 못하고 죽었습니다. 안타깝지 않습니까? 요단강만 건너면 약속의 땅인데, 문 하나만 열면 가나안인데 믿음이 없어 그 앞에서 포기해버린 것입니다. 사랑하는 여러분, 우리 인생에도 이런 경우가 많습니다. 응답이 바로 앞에 있는데, 조금만 더 견디면 되는데, 문만 열면 되는데 그 앞에서 좌절하고 돌아서는 것입니다. 이것이 바로 믿음 없는 열 명의 정탐꾼 이야기입니다. 그러나 여호수아와 갈렙은 전혀 다른 보고를 했습니다. 그들은 믿음의 안목을 가진 사람들이었습니다. 민수기 13장 30절은 이렇게 기록합니다.

"갈렙이 모세 앞에서 백성을 조용하게 하고 이르되 우리가 곧 올라가서 그 땅을 취하자 능히 이기리라 하나"

너무 멋지지 않습니까? 갈렙은 담대히 외쳤습니다. "괜찮습니다. 올라갑시다. 우리가 능히 이깁니다!" 그는 겨우 간신히 이긴다고 말하지 않았습니다. "능히, 이긴다."라고 믿음으로 선포했습니다. 갈렙은 자신을 믿은 것이 아닙니다. 하나님께서 약속하신 땅이었기에, 그 약속을 붙잡고 확실히 고백한 것입니다.

사랑하는 여러분, 우리의 앞날은 주님 손에 있습니다. 그러므로 우리도 능히 이길 줄 믿으시기 바랍니다. 겨우 버티는 것이 아닙니다. 하나님이 함께하시기에 우리는 넉넉히 이깁니다. 여호수아와 갈렙의 믿음의 고백이 하나님의 귀에 들렸습니다. 하나님은 그들의 입술의 고백대로 이루어 주셨습니다. 그들에게 약속의 땅을 주시고, 평생 은혜를 누리도록 인도하셨습니다.

너는 내 기뻐하는 자라

저는 새벽기도 시간이 참 좋습니다. 교회에 오가는 성도들을 바라보면 무척 사랑스럽습니다. "이 새벽에 잠을 줄이고 하나님께 나왔구나." 특히 젊은 세대를 보면 더 애틋한 마음이 듭니다. 지난 한 주간, 새벽예배 중에 하나님의 은혜가 제 마음을 깊이 울렸습니다. 설교가 끝나고 불이 꺼진 예배당 안에 찬양이 흐르고, 개인 기도를 드리려고 엎드렸는데, 하나님께서 제 마음을 옛날로 이끄셨습니다. 아들이 태어난 지 백일쯤 되었을 때였습니다. 제가 아들을 안고 시골 어머니 댁에 갔는데, 어머니는 손자를 등에 업고 동네 사람들을 만나면 자랑하셨습니다.

"우리 막내아들 복이의 아들입니다! 좀 보세요!"

어머니가 그토록 기뻐하시며 자랑하시던 장면이 떠올랐습니다. 그 순간 제 마음에 이런 깨달음이 왔습니다. '하나님이 나를 이렇게 기뻐하시는구나. 하나님이 나를 이렇게 자랑스러워하시는구나.' 그 생각에 가슴이 먹먹해지고 목이 메었습니다. 우리는 종종 자신을 보며, "나는 왜 이렇게 못났을까? 내가 할 수 있는 일이 뭐가 있을까?" 자책합니다. 그러나 하나님은 우리를 안으시고 말씀하십니다. "너는 내 사랑하는 아들이야. 너는 내 사랑하는 딸이야." 하나님께서 우리를 얼마나 기뻐하시고 자랑스러워하시는

지는 스바냐 3장 17절에 기록되어 있습니다.

> "너의 하나님 여호와가 너의 가운데에 계시니 그는 구원을 베푸실 전능자이시라 그가 너로 말미암아 기쁨을 이기지 못하시며 너를 잠잠히 사랑하시며 너로 말미암아 즐거이 부르며 기뻐하시리라 하리라"

이분이 바로 우리 하나님이십니다. 하나님은 우리를 사랑하실 뿐 아니라, 자랑스러워하시고 기뻐하십니다. 우리를 자녀 삼으신 것을 자랑스러워하시며, 우리 때문에 기쁨을 이기지 못하신다고 하십니다. 그날 새벽, 저는 이 생각으로 목이 메었습니다. 사랑하는 여러분, 하나님이 여러분을 사랑하실 줄 믿으시기 바랍니다. 그것도 사랑을 넘어서, 자랑스러워하시며 기뻐하시는 줄 믿으시기 바랍니다. 이 사실을 갈렙과 여호수아는 알았습니다. 하나님이 우리를 기뻐하신다는 것을 알았기에, 두려움 대신 믿음으로 고백했습니다. 민수기 14장 8절은 이렇게 증언합니다.

> "여호와께서 우리를 기뻐하시면 우리를 그 땅으로 인도하여 들이시고 그 땅을 우리에게 주시리라 이는 과연

젖과 꿀이 흐르는 땅이니라"

　여호수아와 갈렙은 분명히 말했습니다. 우리가 강해서가 아닙니다. 능력이 있어서도 아닙니다. 하나님께서 우리를 기뻐하시기 때문에, 약속의 땅을 주신다는 것입니다. 조건은 단 하나입니다. 하나님이 우리를 아버지로서 기뻐하신다는 사실입니다. 하나님은 우리를 사랑하실 뿐 아니라, 자랑스러워하시고 기뻐하십니다. 그래서 우리의 능력과 상관없이 그분의 은혜로 젖과 꿀이 흐르는 땅에 인도하시겠다고 약속하십니다. 주님은 오늘도 우리에게 말씀하십니다. "너는 내 사랑하는 아들이라, 내 기뻐하는 자라."

　사랑하는 여러분, 하나님이 여러분을 정말 기뻐하시고 자랑스러워하신다는 사실을 믿으시기 바랍니다. 그것이 우리의 힘이고, 약속의 땅을 향한 확신입니다.

　저희 세대가 자랄 때, 아버지는 무서운 존재였습니다. 형제들이 모여 신나게 놀다가도, 아버지가 마당에 들어서시며 "에헴" 기침을 하시면, 공기가 달라졌습니다. 조금 전까지 웃고 떠들던 분위기가 순식간에 조용해지고, 아이들은 눈치를 보며 흩어졌습니다. 아버지를 기뻐하기보다 두려워했던 것입니다. 이것이 율법 아래에 있던 백성들의 모습입니다. 하나님을 기뻐하기보다 두려워하며 멀리했던 것입니다. 그러나 요즘 아이들은 다릅니다. 아빠가 집에 들어오면 쏜살같이 달려와 아빠 목에 매달립니다. "아빠 목말 태워줘!" 하며 얼굴을 비비고 아빠를 반가워합니다. 이것이 바로 복음 안에 있는 믿음의 자녀의 모습입니다.

사랑하는 여러분, 하나님은 우리에게 두려운 분으로만 다가오시는 분이 아닙니다. 예수 안에서 우리를 품으시는 아빠 아버지, 아바 아버지이십니다. 우리를 기뻐하시고, 우리를 자랑스러워하시는 하늘 아버지이십니다. 시편 37장 4절은 이렇게 말씀합니다.

> "또 여호와를 기뻐하라 그가 내 마음의 소원을 네게 이루어 주리라"

조건은 없습니다. 우리가 하나님을 기뻐하기만 하면 됩니다. 하나님께서 우리를 기뻐하시기에 우리의 마음의 소원을 이루어 주신다고 약속하십니다. 사랑하는 여러분, 우리가 믿는 하나님은 하늘에서 눈을 부릅뜨고 감시하는 분이 아닙니다. 예수 안에서 만난 하나님은 아빠 아버지이십니다. 우리를 사랑하실 뿐 아니라, 자랑스러워하시고, 즐거움에 겨워 바라보시는 분이십니다. 그래서 우리도 그 아버지의 마음을 알기에 하나님을 기뻐하는 것입니다.

"하나님 아버지, 너무 좋아요!" 이렇게 고백하며 주님을 기뻐하십시오.

하나님께서도 명령하십니다. "여호와를 기뻐하라."

기뻐할 일이 없어도 기뻐하십시오. 하나님을 기뻐하는 삶을 연습하십시오. 그러면 주님께서 반드시 우리의 소원을 이루십니다. "그가 네 마음의 소원을 네게 이루어 주시리라." 갈렙과 여호수아는 하나님을 기뻐하는 것이 무엇인지 알았습니다. 그래서 결국 어떻게 되었습니까? 민수기 14장 30절은 이렇게 말합니다.

> "여분네의 아들 갈렙과 눈의 아들 여호수아 외에는 내가 맹세하여 너희에게 살게 하리라 한 땅에 결단코 들어가지 못하리라"

광야 1세대 가운데 오직 이 두 사람만 약속의 땅에 들어갔습니다. 두 사람은 같은 땅을 보았지만 다른 안목을 가졌습니다. 눈에 보이는 현실만 바라본 사람들은 그들의 말대로 광야에서 생을 마쳤습니다. 그러나 믿음의 안목으로 하나님의 위대하심을 바라본 갈렙과 여호수아는 가나안에 들어갔습니다.

사랑하는 여러분, 오늘도 마찬가지입니다. 우리 앞에 펼쳐진 현실만 바라보지 마십시오. 믿음의 안목으로 바라보시기 바랍니다. 달걀 안에서 노란 병아리를 보듯, 씨앗 속에서 풍성한 결실을 보듯, 오늘의 상황 너머에 있는 하나님께서 예비하신 푸르고 넓은 초원, 인생의 가을 들녘을 바라보시기 바랍니다. 비록 현실은 녹록지 않아도 믿음의 눈으로 바라보는 삶은 풍성하고 만족스럽습니다. 이것이 바로 예수 믿는 사람들의 모습입니다. 시력은 한계를 보지만, 믿음의 안목은 가능성을 봅니다.

하나님이 우리를 기뻐하시고, 우리도 하나님을 기뻐할 때 하나님께서 바라보고 소망하는 것을 이루어 주실 줄 믿습니다. 주의 영광을 바라보며 살아가시기를 예수의 이름으로 축복합니다.

정원을 돌보듯
자신을 가꾸라

1판 1쇄 | 2025년 12월 10일

지은이 | 방성일
펴낸이 | 박상란
펴낸곳 | 피톤치드

디자인 | 김다은
경영·마케팅 | 박병기
출판등록 | 제387-2013-000029호
등록번호 | 130-92-85998
주소 | 경기도 부천시 길주로 262 이안더클래식 133호
전화 | 070-7362-3488
팩스 | 0303-3449-0319
이메일 | phytonbook@naver.com

ISBN | 979-11-92549-54-5(03230)

• 가격은 뒤표지에 있습니다.
• 잘못된 책은 구입하신 서점에서 바꾸어 드립니다.
• 들음과봄은 피톤치드출판사의 기독교 브랜드입니다.